소리를 보다

영화제작 현장 녹음의 모든 것

강봉성 지음

kofic 영화진흥위원회
Korean Film Council

일러두기

* '마이크로폰(Microphone)'은 본문에서 현장에서 사용하는 용어로 '마이크 (Mike)'로 통칭한다.

** '에이디알(ADR, Automated or Automatic Dialogue Replacement)'은 '대사 녹음'이라는 용어를 사용한다.

*** 영화의 작품명과 연도는 한국영상자료원 한국영화데이터베이스(KMDb)를 따른다.

**** 문장부호는 다음과 같이 표기한다.

　　홑낫표(「」): 신문, 잡지, 단행본에 수록된 개별 글과 보고서 제목

　　겹낫표(『』): 신문, 잡지, 단행본 제목

　　홑화살괄호(〈 〉): 영화, 공연예술 등의 작품 제목

강봉성 지음

소리를 보다

영화제작 현장 녹음의 모든 것

영화진흥위원회 50주년 기념 총서 02

kofic 영화진흥위원회
Korean Film Council

차
례

표 차례

그림 차례 © 안채령

차
례

사진 차례

차례

발간사

2023년은 영화진흥위원회 창립 50주년을 맞이한 해입니다.

영화진흥위원회는 1979년 제1집 『영화예술로서의 성장』을
시작으로, 2006년 『한국 영화사: 개화기(開化期)에서 개화기(開
花期)까지』에 이르기까지 영화의 각 분야를 아우르는 이론총서
36종을 발간했습니다. 영화진흥위원회 총서는 기술부터 이론에
이르기까지 연구서적이 부족했던 1980년대와 1990년대에
영화연구를 위한 길잡이 역할과 함께 신진 연구자를 발굴하는
데 역할을 했다고 자부합니다.

영화진흥위원회 창립 50주년을 맞이하여 18년 만에 영화
진흥위원회는 총 4권의 총서를 새롭게 발간하게 되었습니다.
영화진흥위원회는 영상산업 환경의 급속한 변화에 직면한
현 시점이 다시 한번 총서의 역할과 의미를 고민해야 할 때라
고 생각했습니다. 그 결과가 이번에 발간하는 4권의 서적입
니다.

이번 총서는 영화현장에서 쌓은 다년간의 노하우와 경험을
담은 실용서부터 한국의 영화역사를 다루는 이론서까지 다양
하게 구성되어 있습니다.

한국영화산업의 변화의 흐름 속에서 이번 총서가 영화인들에게 다양한 지식을 제공하는 것은 물론 미래 영화영상인력 양성에도 기여할 것이라고 확신합니다.

영화진흥위원회는 향후에도 영화정책 연구기관으로서의 선도적 역할을 강화하고 미디어/기술 환경 변화 속에서 영화 현장에 필요한 지식과 경험을 보존하고 공유하는 역할을 충실히 해나가겠습니다.

영화진흥위원회 창립 50주년을 맞이하며

영화진흥위원회 위원장 **박 기 용**

머리말

영화이론총서인 『영화녹음』의 머리말에는 "녹음기사는 자신의 청각을 발달시켜 그것이 자동성을 벗어나 특수성과 통제성을 지니도록 해야 한다. 귀를 객관적으로 이용해야지 주관적으로 이용해서는 안 되겠다는 이야기다."[1]라고 쓰여 있다. 녹음기사는 영화제작 현장에 도착하면 해당 공간에서 들리는 소리를 가장 먼저 확인한다. 공간에는 존재하지만 영상에는 필요 없는 소리를 모두 제거해야 배우의 음성을 녹음할 때 문제가 생기지 않기 때문이다. 따라서 녹음기사는 객관적인 자세로 현장의 소리를 확인하고 점검한다. 여기에서 귀를 객관적으로 이용한다는 것은 일상생활에 적응된 고막과 뇌의 경험을 당연하게 여기지 않는다는 뜻이다. 필요 없는 소리의 파형을 하나하나 분리해 소리의 근원을 찾아내야 한다. 필요한 소리(음성)를 좋게 녹음하는 것보다 필요 없는 소리(소음)를 어떻게 제거하느냐가 현장 녹음의 완성도를 높이는 데 중요하기 때문이다.

인간의 고막은 한 장소나 공간에서 특정한 소음이 발생하기 전에는 평소와 별다른 차이를 느끼지 못한다. 필요한 소리를 방해하는 요소들(가까운 주변에서 시작된 소음)의 저항부터 밀려오는 소리들(멀리서 들려오는 소음)까지 불필요한 소리 모두를 받아들인다. 특정 소리에 적응하기 시작하는 순간 그 소리를 자연스럽게 받아들

---

1 찰스 B. 프레이터 지음, 박익순 옮김, 『영화이론총서 제14집: 영화녹음』, 영화진흥공사, 1984, 5쪽.

여 실제로는 듣고 있음에도 인식하지 못할 정도로 인간의 고막은 환경에 적응하는 속도가 빠르다. 자동차의 내연기관을 예로 들어 보자. 자동차의 시동을 걸기 전과 건 후의 소음은 확연한 차이를 보인다. 시동을 걸면 내연기관 특유의 엔진 소리와 차체에 전달 되는 엔진의 떨림이 귀와 몸에 전달된다. 하지만 운행을 하다 보 면 앞 차와의 거리나 신호등, 사이드미러로 보이는 옆 차선의 차 들, 브레이크와 액셀의 조작에 더욱 신경을 쓰느라 처음 들었던 소음과 진동에 무감각해진다. 들려도 듣지 못하고 느껴도 느끼지 못하는 것이다. 이처럼 이미 존재하고 있어서 당연하게 여기는 소음에도 마이크(Mike)는 반응하기 때문에 무심히 넘겨서는 안 된다.

'현장 녹음'은 영화를 관람하는 관객들에게 현장의 공간감과 긴장감 그리고 생생한 감동이 담겨있는 배우의 음성을 전달하 는 일이다. 화면에 담길 적절한 소리와 배우의 음성을 현장에 서 바로 녹음할 수 있다면 좋겠지만 현실은 결코 호락호락하지 않다. 제작 현장에서 영상을 촬영하기 위해 화면에 보이는 장 소를 통제할 수는 있지만 하늘에서 들려오는 비행기 소리를 통 제할 수는 없다. 이런 경우에는 소리의 여운이 없어질 때까지 기다려야 한다.

배우에게도 현장에서 녹음한 것을 다시 듣는 일은 필수적이 다. 배우는 자신에게 주어진 배역을 연기하기 위해 배역에 맞는 새로운 인물을 창조한다. 배우의 말투도 배역에 맞춰 새롭게 창조한 것일 수 있다. 따라서 현장에서 감정이 고조된 상태에서 연기했던 대사를 시간이 지난 후에 똑같이 재연하기에는 무리가 있다. 촬영 당시 현장의 조건을 재연해서 완벽한 녹음을 추구하기에도 어려움이 따르므로 이런 경우에는 대사 녹음, 즉 에이디알(ADR, Automated or Automatic Dialog Replacement, 이하 ADR)[2]을 고려해야 한다. 현장에서 녹음한 음성을 듣고 영상을 보며 입 모양을 따라 녹음하는 것이다. 촬영 당시 녹음된 음성 자료가 없는 경우라면 화면의 영상만 보고 녹음을 해야 하는데, 이런 경우에는 앞뒤 영상에 이어지지 않는 이질적인 말투로 연기할 수 있다.

대사 녹음을 하면 보다 선명한 양질의 소스를 얻을 수 있다. 하지만 현장의 소리를 무시하면 안 된다. 녹음기사는 현장에서의 감정과 공간의 정보를 후반 작업을 하는 편집실과 녹음실에 '들려주어야 할 의무'가 있기 때문이다. 소리를 잘 다듬으면 스크린 앞의 관객 또한 현장의 분위기와 감정을 보다 생생히 느낄 수 있다. 이처럼 '영화제작 현장 녹음'은 스크린 앞의 관객에게 중요한 정보를 전달하는 작업이다. 하지만 현장에서는 가장 외로운 위치에 설 수밖에 없는 작업이기도 하다. 모든 분야의 스태프들이 소리보다는 영상에 보다 많은 신경을 쓰기 때문이다. 미술, 촬영, 조명, 분장, 의상 등의 분야들은 청각보다는 시각에 맞춰져 있다. 따

---

2 filmsound.org, http://www.filmsound.org/terminology/adr.htm
   (검색일 2023년 10월 3일).

라서 시각 작업에 맞추다 보면 배우의 음성을 사용하지 못하는 경우도 발생하는데, 한정된 시간과 공간 안에서 작업을 마쳐야 하는 영화제작 상황 때문에 이런 경우 후반 작업에서 ADR을 기약하며 어쩔 수 없이 현장 녹음을 포기해야만 한다. 그만큼 소리는 무형의 존재이기 때문에 다루기도 어렵고 담아내기도 어렵다는 걸 알아야 한다. 세밀한 이 작업이 그만큼 고되고 외롭다는 것 또한 알았으면 한다.

이 책을 통해 그동안 영화 현장에서 배운 경험과 습득한 방법을 오롯이 풀어냈다. 1부는 기본적으로 숙지해야 하는 녹음 장비의 취급 방법부터 붐 마이크를 취급하는 요령, 음성을 녹음하는 기술까지 녹음 전반을 알기 쉽게 설명했다. 이해를 돕고자 소리의 형상을 그림으로 표현했으며 현장 사진을 첨부했다. 2부는 조수 시절 일기로 남겨두었던 개인적 경험과 에피소드를 참여한 작품 중심으로 이야기했다. 오래전의 소중한 기억부터 현재 영화제작 현장의 상황까지 30년이 넘는 시간의 경험을 정리하고 있자니 영화는 '기다림의 예술이다', '노가다(막일) 예술이다'라는 선배님들의 농담 섞인 이야기가 떠오른다. 영화제작 현장에서 일하기 위해서는 몸으로 직접 느끼고 부딪히면서 배워야 하기 때문이다. 도제식으로 배워온 기술과 현장에서 경험하고 배워온 기술들을 글과 그림, 사진으로 전달하는 건 한계가 있지만, 아무쪼록 이 책이 녹음과 녹음 작업에 관심을 기울이는 사람들에게 도움이 되었으면 한다.

영화진흥위원회 50주년 기념 총서 02

소리를 보다

영화제작 현장 녹음의 모든 것

제1부

영화제작
현장에서의 녹음

제1부
영화제작 현장에서의 녹음

음성은 귀로 듣기에는 잘 들릴지라도, 녹음 작업을 해보면 음성의 물리적 힘 자체는 강하지 않다. 음성의 진동은 아주 미세하게 느껴지고 눈으로 확인하기도 어렵다. 음성을 기록하기 위한 기술은 오랜 시간에 걸쳐 발달해 왔다. 최초로 음성을 기록한 장비는 음성의 진동을 시각적으로 표현했다. 당시의 기술로는 음향 분석을 위한 기록만 될 뿐 재생이 불가능했지만, 음성을 진동으로 바꾸어 기록할 때 사용한 진동이 가는 '경로(Channel)'가 기록되는 '길(Track)'을 만드는 방식이 음향 기기들의 원형이 되었다. 이후 진동의 모양을 표면에 조각해 저장하는 형태로 발전하면서 기록과 재생이 가능한 장비가 개발된다.

소리를 기록하고 재생할 수 있는 장비가 발명된 후에는 영상과 소리의 동기화를 시도했고, 노력 끝에 '딕슨의 실험적 사운드 필름(The Dickson Experimental Sound Film)'[3]이 탄생했다. 영상과 소리의 동기화는 쉽게 이루어지지 않았지만, 제각기 안정적인 자

3 민병록 지음, 『세계 영화영상기술 발달사』, 문지사, 2001, 29쪽.

리를 잡아가는 과정을 겪었다고 볼 수 있다. 배우의 음성이 화면과 동기화된 최초의 영화 〈재즈 싱어(The Jazz Singer)〉(앨런 크로슬랜드, 1927)는 원반 위에 소리를 저장(Sound on Disc)하고 재생한 영화다. 배우의 음성을 수음(受音)하기 위해 붐(Boom)을 이용해 마이크를 배우의 머리 위에 위치시키고, 마이크에서 나오는 전기 신호를 보내는 경로와 저장 매체에 소리를 저장하는 길을 확보한 최초의 발성 영화인 것이다. 당시에는 후반 작업이라는 과정이 없었기 때문에 촬영하는 장소에서 음악 연주도 함께 녹음했다.[4] 〈재즈 싱어〉가 탄생하기 전부터 영상과 소리를 일치시키기 위한 노력은 음성을 재생하기 위한 소리 저장 기술과 함께 많은 발전을 해왔다.

'영화제작 현장 녹음'이란 '동시녹음(同時錄音)'을 이야기한다. 제작 현장에서 화면 촬영과 동시에 배우의 음성을 녹음기로 녹음한다는 의미다. 동시녹음의 핵심은 카메라가 촬영한 영상과 음성을 동기화한다는 점이다. 오늘날 제작 현장에서 사용하는 장비들은 기술이 발전하면서 소형화되고, 무선 기술이 발달하면서 복잡한 선들도 보이지 않게 되었다. 장비는 발달했으나 녹음하는 기술만큼은 변하지 않고 오늘날까지 이어져 왔다. 음성을 수음하기 위해 붐을 이용해 배우의 머리 위에 마이크를 위치시키는 일이나 믹서(Mixer)로 소리의 크기를 조절하는 일, 녹음기의 볼륨을 조작하는 일 등은 그대로 이어지고 있다.

---

4 루이스 자네티 지음, 김진해 옮김, 『영화의 이해(7판)』, 현암사, 2007, 215쪽.

현장에서 녹음된 배우의 음성은 현장의 여건에 따라 그대로 사용할 수도 있고, 후반 작업을 하며 대사 녹음을 할 수도 있다. 우리나라보다 영화 선진국인 미국에서 대사 녹음(ADR)을 많이 한다고 이야기하는 사람들이 가끔 있다. 대사 녹음을 한다고 해도 현장 녹음은 여전히 중요하다. 현장에서 녹음한 소리가 있어야 대사 녹음을 할 수 있는 것이다. 배우의 음성이든 발소리든 해당 장면에 어떤 소리가 담겨있는지 알아야 그 소리를 토대로 영상에 어울리는 소리를 만들어내고, 소리를 동기화할 수 있다.

1. 소리의 특성과 녹음의 목적

1) 소리의 특성

음성은 형상이나 맛, 냄새도 없을 뿐만 아니라 나타났다 바로 사라지기 때문에 녹음하기가 쉽지 않다. 녹음은 특수하게 제작된 녹음 도구들—마이크, 녹음기, 헤드폰 등 녹음 장비—을 이용해야 하는데 이 도구들이 있다고 성공률이 높아지지는 않는다. 녹음하는 기술자는 무엇보다 소리의 성질을 알고 있어야 한다. 또한 녹음의 목적이 뚜렷해야 녹음할 소리와 방해가 되는 소리를 구분할 수 있다.

일상에서 들리는 대부분의 소리는 마찰음, 충격음, 동물의 울음, 곤충의 울음, 사람의 음성 등으로 이루어져 있다. 일상의 소리란 가까운 곳에서 들리는 소리부터 멀리서 들려오는 소리까지 아우르는 종합적인 집합체이다. 이중 사람의 음성은 감정을 지니고 있고 청각과 밀접한 관계에 놓여 있어서 녹음하기에 가장 까다로운 소리이다.

소리의 시작 지점을 '음원(音源)'이라고 한다. 음원에서 발생한 음파는 압력이 강하고 파동의 형태가 뚜렷해서 본래의 소리로서의 성질을 가지고 있지만 거리가 멀어질수록 압력이 약해지면서 형태가 희미하게 변한다. 그리고 결국엔 다른 곳에서 밀려오는 파동으로 인해 본질적인 힘을 잃어버린다.

예를 들어 공간이 넓은 카페에서 테이블을 가운데 놓고 두 사람이 대화한다고 가정해보자. 상대방과의 거리는 대략 1.5미터 정도일 것이다. 의자가 아닌 소파에 앉아 있다면 2미터에서 2.5미터 정도의 거리일 것이다. 소근소근 말해도 상대가 듣는 데는 지장이 없으나 만약 주변 테이블에서 대화를 나누는 사람들이 있다면 상황은 변한다. 주변에 소음이 있으면 자신의 음성은 물론 상대방의 음성도 잘 들리지 않는다. 사람은 자신의 목소리를 들을 수 있을 때 상대방도 들을 수 있다고 착각하기 때문에 주변이 시끄러우면 자연히 성량이 올라간다. 이와 같은 상황에서는 상대방도 성량을 키울 것이다. 옆자리에서 대화하는 사람들도 이 과정을 겪으면서 결국 그 장소의 모든 사람이 큰 음성으로 말함으로써 공간은 높은 파형들로 가득 채워질 것이다.

지구를 둘러싸고 있는 대기권 안에는 공기와 중력이 존재한다. 중력은 공기를 잡아당기기에 땅과 가까울수록 공기의 양이 많아지고 기압은 높으며, 땅과 멀어질수록 공기의 양은 줄어들고 기압이 낮아진다. 기압이 높다는 것은 공기에 가해지는 힘이 강하다는 의미다. 따라서 한 번 퍼져나가기 시작한 음파는 중력의 힘을 받는 공기의 무게로 인해 시간이 지날수록 소멸하는 것이다.

산에 오르면 하늘을 향해 자라나는 나무들을 볼 수 있다. 나무가 무성하게 자란 숲속으로 들어가 소리를 질러 보면, 쩌렁쩌렁하게 울려 퍼지는 소리를 느낄 수 있다. 나무들이 주변의 공기를 안정되게 잡아주는 역할을 하기 때문이다. 이러한 공간에서는 공기가 안정적이고 음파도 안정적으로 퍼져나간다. 산 정상은 산 중턱만큼 나무가 무성하지는 않다. 지금은 야생 동물을 보호한다는 차원에서 정상에서 크게 소리를 지르지 못하지만, 한때는 산 정상에 오르면 너도나도 "야호"라고 외친 적이 있다. "야호" 하고 소리쳐 보면 그 소리가 메아리로 돌아오는 것을 들을 수 있다. 정상에서는 안정된 공기와 낮은 기압으로 인해 음파가 멀리 퍼져나가기 때문에 어딘가에 부딪힌 음파가 반사되어 되돌아오는 파장을 느낄 수 있는 것이다.

소리의 이런 성질은 도심에서도 똑같이 작용한다. 아파트 단지 안이나 터널, 지하도로, 건물 내부에 있는 비상계단 같은 곳에서는 이런 소리를 더욱 잘 느낄 수 있다. 도심의 시설들은 원음을 방해하는 요인이 되기도 한다. 소리는 장애물에 의해 반사되기도 하지만 장애물에 진동을 남기기도 한다. 건물 아래로 지하철이 달리는 소리가 땅을 타고 진동으로 전달되거나 해머 드릴이 벽에 구멍을 뚫으며 드르륵하는 소리가 벽을 타고 전달이 되는 것처럼 말이다.

인체에서 고막은 음파의 진행을 막는 장애물이기도 하지만 동시에 이 장애물로 인해 우리는 소리를 들을 수 있다. 고막은 귓구멍 안쪽 외이(外耳)와 중이(中耳)의 경계에 위치하며, 외이를 통해 전달된 소리는 고막을 진동시킨다. 이 진동은 고막과 연결된 귓속뼈에 전달되고 달팽이관까지 이어진다. 달팽이관이 진동에 대한 정보를 뇌로 보내면 비로소 소리를 인식하게 된다. 소리를 인식한 뇌는 경험으로 기억하는 소리의 정보를 알려준다. 만약 경험하지 않은 소리를 들으면, 우리의 뇌는 머릿속 어딘가에 있는 유사한 소리의 경험을 기억해 내려고 노력할 것이다. 또한 소리가 없어진 후에도 소리의 원인을 눈으로 확인하기 전까지는 뇌의 활동으로 인한 에너지 소모로 뇌에 피가 몰리며 두려움, 심하게는 공포의 감정이 엄습할 것이다. 소리의 파형은 이미 공기 중에 소멸했어도 소리의 경험은 뇌가 계속해서 기억하고 있기 때문이다.

대학교 1학년 영화 수업 시간에 최초의 영화라고 불리는 〈열차의 도착(L'Arrivée d'un train en gare de La Ciotat)〉(루이 뤼미에르, 1895)에 대한 강의를 들은 기억이 난다. 당시 열차가 움직이는 영상을 보고 놀라서 극장을 뛰쳐나간 관객도 있다고 한다. 그리고 관객 중에는 열차가 오는 소리를 생생히 들은 이도 있었다고 한다. 영화를 본 관객들은 자신들이 경험으로 기억하는 소리를 상상했을 텐데, 상상의 소리는 마치 실제의 소리처럼 그들의 뇌를 자극했을 것이다. 영상은 경험으로 기억하거나 학습한 사실에 한정된다. 그러나 소리는 추측하고 예상하는 것이 가능해 상상의 소리를 만들어 낼 수 있다. 학습이나 경험으로 기억한 소리라 해도, 소리가 어떻게 나는지 눈으로 확인하지 못한다면 상상은 커져만 갈 것이다.

인간은 소리를 듣고 상상하는 데서 그치지 않고, 흉내를 낸다. 소리에 대한 이러한 감각은 엄마의 뱃속에서부터 습득하는 것이다. 아내가 첫아이를 임신했을 때 주기적으로 병원을 같이 다닌 적이 있다. 아내가 임신한 지 5개월이 지났을 때, 태아가 소리를 들으니 산모의 배에 아빠의 말소리를 자주 들려주라던 의사의 말이 기억난다. 양수로 가득 채워진 아기집에서, 그것도 엄마의 뱃속에서 어떻게 태아가 소리를 들을 수 있을까 궁금했던 적이 있다. 물론 물이 소리를 전달하니 가능한 일일 것이다. 소리 자체가 음파이며 진동 그 자체이기 때문이다. 처음 몇 번은 태아에게 아빠의 말소리가 낯설게 느껴지겠지만 반복해서 들려주면 목소리가 익숙해지면서 반응하기도 한다. 뱃속 아기는 밖에서 들려오는 아빠의 말소리를 듣고 아빠의 얼굴과 모습을 상상할 것이다. 소리는 이처럼 추측이나 예상을 초래해 상상을 유발하는 성질이 있다.

출산일이 다가온 어느 날, 아기가 나올 것 같다는 아내의 말에 병원으로 갔다. 아내는 출산의 고통을 온몸으로 느끼며 호흡을 조절하고, 온 힘을 다해 자신의 몸 안에서 키우던 아기를 밀어내 세상과 만나게 했다. 태어나는 그 순간, 아기는 세상에 나오면서 엄마의 호흡을 조절하는 진동과 비명 섞인 울부짖음의 진동을 느꼈을 것이다. 갓 태어난 아기의 울음은 태어나기 직전에 들었던 엄마의 울부짖는 소리의 진동을 흉내 내는 것과 흡사하다.

신생아는 우는 것으로 소통을 시작한다. 시간이 지나도 젖을 주지 않는다면 숨넘어갈 듯이 울고, 배가 아프거나 몸의 어딘가 아프면 자지러지듯 운다. 아내가 아이에게 젖을 줄 때 혀 차는 소리를 내는 걸 본 적이 있다. 젖꼭지가 어디에 있는지 모르는 아이가 엄마의 혀 차는 소리를 듣고 그 위치를 찾은 것이다. 태어난 지 얼마 안 된 신생아는 소리가 들리는 곳에 집중하는 능력을 키운다. 귓바퀴가 소리를 모아주는 역할은 물론 음파가 생겨난 곳의 위치에 집중할 수 있는 기능을 하는 것이다.

울음으로 소통을 했던 아이는 성장하며 '옹알이'를 하기 시작한다. 자신과 가까이 있는 엄마와 아빠의 대화를 듣거나 엄마가 젖을 줄 때 눈을 맞추고 자신에게 하는 말을 듣고 목청과 혀와 입술을 이용해 말하는 시늉을 하는 것이다. 호흡을 조절해 우는 연습을 하고 소통을 해 왔다면, 이제는 말하는 소리를 흉내 내기 위해 옹알이로 혀와 입술의 움직임을 익힌다. 그리고 혀의 움직임과 입술의 모양을 움직여 자신만의 소리를 만들어낸다. 그렇게 만들어낸 소리를 목과 연결된 고막의 내부기관에 진동으로 전달해 뇌 속에 기억해 둔다. 그리고 자신이 쉽게 따라 할 수 있는 단어부터 흉내 내기 시작한다. 글을 읽기 전에 말하는 것부터 배우는 것이다.

성인이 되어서도 흉내를 내는 방식으로 소리를 배우는 것을 볼 수 있다. 노래방에서 좋아하는 가수의 목소리를 흉내 내어 노래를 부르거나, 좋아하는 사람의 음성을 따라 하는 것은 곧 자신이 다른 사람이 되는 상상을 하는 것이며, 이는 타인의 감정을 흉내

내는 행위다. 흉내는 상상에서 발전한 단계로, 소리의 또 다른 성질이다.

2) 녹음의 목적

목적 없이 소리를 녹음한다는 것은 목표물을 찾지 못하고 엉뚱한 곳에 총을 쏘는 것과 같다. 현장 녹음의 목적은 영상 표현을 위한 배우의 음성을 화면의 규격에 맞추어 녹음하는 데 있다. 목적에 맞는 소리만 녹음한다면 좋은 결과를 가져올 수 있겠지만 촬영 현장은 매번 녹음하기 좋은 장소만을 제공하지 않는다. 촬영 현장에서 발생한 마찰음이나 충돌음은 이미 만들어진 효과음을 쓸 수도 있고, 전문 기술자들이 더 과감하고 적합한 소리를 만들어 낼 수도 있다. 하지만 인간의 음성에는 감정이 담기기 때문에 촬영 당시에 녹음한 음성을 몇 달 후 똑같이 녹음하기가 힘들다. 영화의 대사는 연기할 때의 감정은 물론 해당 장소의 정보를 소리 안에 담고 있어서 현장의 감동을 전달할 수 있는 것이다.

현장에서 창조된 영상은 여러 번의 편집 과정을 거쳐 재창조된다. 소리도 영상과 함께 재탄생한다. 첨단 장비와 높은 기술력으로 똑같은 소리를 만들어 낼 수 있다 해도 지나간 시간의 감정까지 똑같이 재현할 수는 없다. 따라서 소리도 새로운 감정을 덧입혀 재창조한다고 볼 수 있다. 배우의 감정은 주위의 사람에게 전달이 되면서 더욱 증폭된다. 상대역뿐만 아니라 현장에서 일하는 스태프도 감정을 전달받는 일원이 된다. 이처럼 대사는 영화에서 중요한 요소이기 때문에 관객에게 잘 전달해야 한다.

　대사는 대화, 독백, 방백으로 나뉜다. 독백과 방백은 자신의 감정으로 풀어나가는 반면 대화는 상대역과 마주 대하여 이야기를 주고받기 때문에 상대역의 감정에도 충실한 의미를 두고 임해야 한다. 일상에서의 대화는 상대가 이야기하는 중에도 끼어들어 말을 할 수 있지만, 영화에서의 대화는 대사로 이루어지므로 상대의 대사를 방해하지 않는 것이 매우 중요하다. 영화 속 대화는 현실의 대화가 아닌 시나리오상의 대사이기 때문이고 영상과 함께 편집이라는 단절과정을 거쳐야 하기 때문이다. 대사 녹음이 그 무엇보다도 중요한 이유이다. 따라서 현장 녹음은 사용 여부를 떠나 영화의 화면이 갖는 정보를 제공하는 유일한 수단이며 한 편의 영화에 숨을 불어 넣는 작업이라고 할 수 있다.

2. 현장 녹음의 기술자들

1) 녹음기사

(1) 녹음기사의 역할

녹음기사는 제작 현장에서 소리와 관련한 모든 일을 책임지는 역할을 한다. 첫 번째 할 일은 시나리오를 읽는 것이다. 시나리오를 읽다 보면 영상이 어떻게 펼쳐질지, 녹음을 어떻게 진행할지가 그려지는데 이에 따라 필요한 장비와 인원, 예산을 결정할 수 있다. 이후 영화제작 현장에서 자신이 참여할 영화제작사의 프로듀서나 제작실장과 함께 예산 및 일정을 조율하고 계약한다. 계약 체결 전후로는 현장 사전 답사나 전체 리딩 등의 회의에도 참여한다. 두 번째 과제는 작업에 참여할 인원을 구성하는 것이다. 녹음 팀은 소리를 조율하거나 저장하는 녹음기사와 음원 가까운 곳에 마이크를 위치시키는 붐 맨(Boom Man) 그리고 녹음기사와 붐 맨 사이를 연결하고 보조하는 케이블 맨(Cable Man)으로 이루어진다. 보통 오랜 시간 호흡을 맞추어 온 기술자들이 함께 일한다. 세 번째로 소리를 저장하는 녹음기와 마이크, 기타 장비를 준비해야 한다.

녹음기사나 붐 맨은 담당하는 일의 전문적인 지식을 가지고 있어야 한다. 만약 두 사람이 서로를 이해하지 못해 현장에서 의견 차이로 충돌이 일어나면, 그로 인해 작업 시간이 늘어날 것이고 협업에 미숙한 팀이라는 좋지 않은 시선도 받을 것이다. 그만큼 협동은 현장에서 중요하게 여기는 가치이다. 일단 현장에 집합하면 촬영하는 순서와 시간을 계획해 놓은 촬영 일정표를 받는다.

시간을 정해 놓고 일을 해야 하므로 주어진 시간 안에 계획한 일들을 완성해 내야 하는 것은 기본이다. 제작 현장에 따라 팀을 나누어서 작업을 동시 진행하는 상황이 생길 수도 있다. 예컨대 A팀은 배우들의 대화로 이루어진 드라마 부분을 촬영하고, B팀은 인서트(Insert)나 효과(Effect) 부분, 배경 화면을 촬영한다고 가정해 보자. 이 경우 필요에 따라 녹음 팀을 추가할 수도 있기에 사전제작 과정에서 프로듀서나 제작실장과 조율해서 예산을 미리 정해 두어야 한다.

시나리오를 읽는 것은 한 권의 책을 읽는 것과 같다. 시나리오는 한 번에 완성되지 않는다. 초고가 나오고 여러 번의 수정을 거쳐 최종 대본이 나온다. 최종 대본을 보고 영화의 장르와 내용, 성격을 파악해야 어떤 소리가 현장에서 제일 필요 없는 소리가 될지 예상할 수 있다. 또한 후반 작업에서 만들기 까다로운 소리가 어느 부분일지 파악해야 현장에서 만반의 준비를 하고 녹음에 임할 수 있다.

녹음에 필요한 기본 장비는 크게 다르지 않지만, 녹음기사의 취향에 따라 녹음하는 스타일이나 녹음 장비는 조금씩 다르다. 녹음기나 마이크는 제조사별로 기능과 음색에 차이가 있으므로 녹음기사마다 자신이 사용하기 편하고 선호하는 장비가 다를 수 있다.

녹음기사는 녹음 장비를 능숙하게 다룰 수 있어야 하는 것은 물론이고 반드시 카메라와의 동기화 여부를 확인해야 한다. 아날로그 방식의 녹음기를 쓰던 시절에는 릴 투 릴(Reel to Reel) 녹음기와 카메라의 동기화가 중요했다. 현장에서 녹음한 소리를 편집실이나 녹음실에서 사용할 수 있도록 마그네틱 필름으로 옮기는 작업을 할 때도 동기화를 확인하는 일은 필수적이었다. 요즘 현장에서 사용하는 디지털 녹음기와 디지털카메라는 프레임을 결정하는 매뉴얼이 있고, 현장마다 프레임을 정하는 방식이 조금씩 달라서 일을 시작하기 전 카메라와 녹음기의 프레임을 정해 두어야한다. 동기화를 해야 하는 카메라와 녹음기는 타임 코드 발생기(Time Code Generator)를 연결해서 서로의 속도를 제어해야 한다.

녹음기사는 현장에 먼저 도착해서 녹음할 장소의 조건을 파악하고 사전에 제거할 불필요한 소리를 알아놓아야 한다. 필요 없는 소리는 경중에 따라 '대, 중, 소'로 나눌 수 있다. '대'에 속하는 소리는 주변의 공사장 소리나 비행기 소음 등인데 제작팀과 협력해 차단할 수 있다. 공사장에서 크게 들려오는 소리를 종일 멈출 수는 없으나 중요한 대사가 있는 장면의 경우 잠시 멈추어 달라고 부탁할 수 있다. 비행기 소리의 경우 시작 지점부터 소리의 여운이 없어질 때까지 걸리는 시간을 확인하고 잠시 촬영을 멈추었다 재개하면 된다. 날씨 때문에 녹음하기 어려운 상황도 있다. 비 오는 날이 그렇다. 야외에서 비가 온다면 촬영을 중단할 수 있지만, 실내의 경우는 다르다. 화면에 창밖이 나오게 촬영해야 한다면 문제가 되지만 창밖이 보이지 않는다면 촬영을 그대로 진행하기도 한다. 특히 지상과 가까운 곳에서 촬영하는 경우 비로 인한 소음이 클 수밖에 없다. 이런 경우에는 홈이 큰 스펀지를 바닥에 깔아주면 처마에서 떨어지는 빗물의 소리를 줄일 수 있다. '중'

에는 하수구의 물소리, 가정집의 보일러 소리, 에어컨 실외기 돌아가는 소리, 매장 밖에 설치된 스피커에서 흘러나오는 음악 소리 등이 속한다. 이런 소리는 군용 모포 등으로 차단할 수 있다. '소'에는 시계 초침 소리, 핸드폰 진동음, 냉장고 팬 돌아가는 소리, 공기 청정기 작동 소리, 실내 스피커에서 흘러나오는 음악 등이 있다. 이런 경우는 소음의 원인이 되는 기계의 작동을 멈춰야 한다. 때로는 대여 장소의 소유주에게 부탁해서 소리를 제거해야 할 때도 있다.

이처럼 녹음기사는 소리와 관련해 현장과 주변 상황을 파악해야 한다. 영상이 만들어질 장소의 불필요한 소리, 예컨대 냉장고나 제빙기 팬이 돌아가는 소리나 시계의 초침 소리, 보일러 작동하는 소리 등을 미리 점검하고 사전에 제거해야 한다. 그뿐만 아니라 현장 주변의 공사장이나 이사하는 집에서 들리는 사다리차 소리 등도 미리 파악해 놓아야 한다.

장소 이동이 많은 날은 대사의 여부를 미리 파악해서 장비를 최소화해야 한다. 배우들이 많이 출연하고 대사가 많을 때는 장비의 수가 많을 수밖에 없지만, 자연적으로 발생하는 소리인 앰비언스(ambience)나 효과음에 속하는 화면을 촬영하는 경우는 장비의 수를 최소화할 줄 알아야 한다. 그리고 현장의 상황에 따라 대사 녹음을 할 부분이 생기면 사전에 감독에게 보고를 해야 한다. 일을 끝내고 감독에게 이야기하는 것과 일을 시작하기 전 감독에게 이야기하는 것에는 큰 차이가 있기 때문이다.

아래 사진은 일본 미야자키에서 <흑수선>(배창호, 2001)의 녹음 작업을 하는 모습이다. 배경 공간이 협곡이라 특별한 소리가 들리지는 않았지만 바람이 불 때 다리가 흔들리는 소리와 다리의 구조물을 통과하는 바람 소리가 독특해서 녹음한 경우이다. 그리고 이렇게 녹음한 작업은 다음과 같은 장면에 사용했다. 등장인물인 오 형사(이정재)와 한동주(정준호)가 나룻배에 앉아 대화하던 중 한동주가 쏜 총에 오 형사가 맞아 강에 빠지고, 한동주는 다리 위로 도망을 간다. 다리를 건너 도망가는 한동주를 쫓아온 오 형사는 총으로 한동주를 쏘고, 한동주는 들고 있는 가방을 다리 아래로 떨어뜨린다. 교각 멀리서 철이 마찰하는 소리가 들리기 시작하고 얼마 지나지 않아 중간까지 그 소리가 들려온다. 교각의 구조가 철이라서 울림의 소리가 공상과학영화에서 나올법한 효과음처럼 들린다.

[사진-1] <흑수선>(배창호, 2001) 촬영 현장에서 두 자루의 마이크를 활용해 앰비언스를 녹음하는 모습

이처럼 해외 촬영을 할 때는 그 장소에서만 들리는 공간의 소리나 효과에 해당하는 소리를 틈틈이 녹음해 두는 것이 중요하다. 후반 작업에 필요한 소리일 수도 있기 때문이다. 정해진 예산으로 현지 촬영을 마무리해야 하므로 여유를 가질 시간이 없다는 것도 늘 상기하고 있어야 한다. 다시 그 장소에 가기도 힘들뿐더러 당시에 들렸던 소리가 계속 존재한다고 보장할 수 없기 때문이다. 그러므로 현장에서 영상에 필요한 소리는 무조건 녹음해야 한다. 녹음한 소리를 빼기는 쉬워도 없는 소리를 만들어 넣기는 힘들기 때문이다. 이와 같은 상황을 항상 유념하고 녹음에 임해야 한다.

(2) 녹음기사가 되는 과정

녹음기사는 조수부터 시작해서 케이블 맨, 붐 맨을 거쳐 기사가 된다. 녹음기사가 되면 붐 맨과 케이블 맨에게 붐 드는 기술부터 케이블 감는 법까지 교육도 해야 한다. 또한 현장 진행 시 중요한 판단을 수시로 해야 하므로 많은 경험이 필요하다. 붐 맨은 헤드폰을 착용하고 붐을 들어야 하므로 마이크의 위치만 보고도 소리를 가늠할 수 있어야 한다. 녹음할 때는 현장의 조용한 곳에 자리를 잡아야 한다. 시끄러운 곳에서 녹음한다면 헤드폰을 쓰고 있어도 소리의 진동이 몸으로 전달되기 때문에 헤드폰으로 들리는 소리를 정확히 듣지 못할 수 있기 때문이다.

2001년 <흑수선> 촬영 당시
녹음기사가 되기까지를 회고한 일기의 한 부분

이번 작품은 스트레스를 많이 받는다. 옛 생각이 자주 난다. A4 용지도 아껴서 사용했는지, 콘티를 모든 부서의 막내들까지 주지 않았다. 막내는 현장의 잔심부름이나 하고, 비중 있는 위치가 아니기 때문이다. 첫 현장에서의 느낌은 뻘쭘함으로 시작되었다. 평소에는 일상적으로 지나다니던 길을 영화제작 기술자들과 장비들이 점령했다. 배우들과 감독님들도 그 자리의 주인공처럼 보인다. 뻘쭘한 느낌은 잠깐이고 선배가 인사부터 하라고 알려주신다. 처음 인사할 때 약간 어색하고 민망함은 있었으나 인사에는 인사로 답하는 모양인지 반갑게 맞아 주셨다. 일을 시작하기 전 인사는 일과의 시작과 같았고 일할 때 진행을 부드럽게 해주는 아침체조와 같은 중요한 과정이다. 인사는 현장에서 나의 존재감마저도 높여 주었다. 촬영 3, 4회차가 지나면서 콘티를 달라고 당당하게 요구한 적도 있다. 콘티는 막내로서의 자존감과 연관된 중요한 문서였다. 점차 메인이 되어 붐을 들기 시작하면서, 현장에서 콘티를 받으면 기분이 우쭐해졌다. 그만큼 현장에 필요한 사람이라는 느낌을 받았기 때문이다. 하지만 그것도 잠깐이다. 일이 시작되면, 배우를 따라 마이크를 이동해야 했다. 대사를 못 외웠을 경우 길게 뻗은 붐의 이동이 늦어져 배우의 대사를 놓칠 수가 있다. 화면에 마이크가 출연한다든가 조명으로 인한 붐 그림자나 마이크의 그림자로 인해 신경써야 할 일들이 한두 가지가 아니다. 시나리오를 받으면 크랭크인 (현장제작) 하기 전, 60프로는 대사를 외우고 있어야 한다.

녹음기사가 된 후에는 대사의 감정도 같이 읽어야 한다. 어느 때

커다란 음성이 나올지, 작은 음성으로 대사를 하는 곳은 어디인지 알아야 하기 때문이다. 대사의 감정에 따라 소리의 높낮이가 변하기 때문에 너무 크게 녹음이 돼서 소리가 뭉개지거나, 너무 작게 녹음이 되어서 소리가 안 들리는 경우가 생길 수 있기 때문에 볼륨을 조절해야 하기 때문이다. 대사를 외우고 있다 보니 녹음을 하면서 배우가 하는 대사를 소리가 안 나게 따라서 해 본 경우도, 연기 흉내를 낸 적도 있다.

2) 붐 맨

[사진-2] 울진의 바닷가에서 <점쟁이들>(신정원, 2012)의 한 장면인 귀신을 달래는 굿을 촬영하려고 붐 마이크를 들고 준비하고 있다.

위의 사진처럼 현장에는 긴 장대를 들고 있는 사람이 있다. 영상이 만들어질 때 영상이 가져야 할 소리의 본질을 찾아 마이크를 위치시키는 일을 하는 붐 맨이다. 소리의 본질은 배우의 음성을 최우선으로 한다. 영상이 만들어지는 공간(배우가 연기를 하는 공간)은 녹음 장비를 운용하는 녹음기사와 떨어져 있으므로 붐 맨은 현장의 상황을 직시하고 효율적으로 일이 진행될 수 있게 해야 한다. 현장의 모든 상황을 헤드폰으로 듣는 녹음기사의 눈이 되어야 한다는 뜻이다.

붐 맨은 자신이 들고 있는 붐 끝에 달린 마이크로 들어오는 소리를 전해주는 붐 맨 전용 헤드폰을 착용하고 일을 한다. 마이크의 위치에 따라 어떻게 소리가 달라지는지 익혀야 할 필요가 있다. 몇 작품을 찍는 동안 헤드폰을 착용하고 일하다 보면 헤드폰을 착용하지 않더라도 마이크의 위치만 보고서 어떤 소리를 녹음할지 알게 되고, 녹음기의 볼륨을 조절하지 않고도 붐을 이용해 음원과 거리를 조절해 가면서 소리의 볼륨을 조절할 수 있게 된

[그림-1] 붐 끝에 달린 마이크를 배우의 머리 위에 위치시키고, 움직이는 배우를 따라다니는 것이 붐 맨의 기본자세이다.

[사진-3] 붐 맨 시절 촬영 현장에서 기본자세로 붐을 들고 있는 모습

다. 장대는 피시 폴(Fish pole) 또는 붐(Boom)이라고 부르며 끝에
는 마이크를 장착할 수 있다. 만세 자세로 장대를 들고 있는 것이
기본자세이다. 붐 맨은 카메라와 배우를 보며 붐을 들어야 한다.
카메라의 움직임과 배우의 움직임을 동시에 파악해야 화면에 붐
이 나오지 않게 배우를 따라갈 수 있고, 그렇게 해야 배우가 내는
소리를 수음할 수 있기 때문이다.

　[사진-3]처럼 붐을 길게 뽑아서 사용하는 경우 붐이 곡선으로
휘어지는데, 초반에는 팔에 힘이 많이 들어가고 양팔이 힘의 균
형에 적응할 때쯤 허리에 힘이 들어간다. 붐을 들 때는 마이크가
달린 쪽을 바라보아야 하고, 한쪽 팔은 얼굴 뒤로 가게 해야 한다.
팔이 앞으로 나오게 되면 오래 들고 있기 어렵기 때문이다.

　현장에서 작업을 하다 보면 "왜 배우의 머리 위에 마이크를 위
치시켜야 합니까?"라는 질문을 많이 받는다. 배우의 머리 위에
마이크를 위치시키는 이유는 음성이 아래에서 위로 상승하기 때

문이다. 마이크가 배우의 머리 위에서 크게 벗어나지 않는다면 음원이 되는 입과 마이크의 거리가 안정적으로 위치할 수 있어서 대사 전달에 문제가 생기지 않는다. '4장 음성 녹음의 기술'에서 보다 자세하게 설명하겠지만 마이크와 배우의 거리가 가까우면 배우의 음성이 명료하게 들리고, 거리가 멀어질수록 공간에 퍼져 있는 음성을 수음하기 때문에 명료함은 떨어질 수밖에 없다. 화면의 구도에 따라 헤드룸(Headroom)이라는 붐 마이크를 위치시킬 수 있는 공간이 생긴다. 이 공간은 장면의 성격에 따라 크기가 변하는데 배우의 음성과 공간의 소음을 일정하게 수음할 수 있다. 배우의 입을 향해 마이크를 수평으로 위치시키면 뒷배경에서 들리는 불필요한 소음도 크게 들릴 것이고, 배경의 소리가 배우의 음성을 방해할 것이다.

배우의 머리 위에 마이크를 위치시켰다면 시선은 마이크와 그 주위를 살펴야 한다. 한눈을 팔면 마이크가 배우를 위협할 수 있고, 주변의 조명 장비와 부딪칠 수도 있기 때문이다. 붐을 들 때는

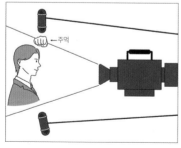 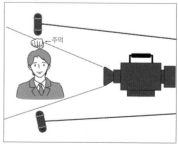

[그림-2]   [그림-3]

대사 녹음 시 마이크의 기본 위치(정면과 측면). 배우의 머리 위에 주먹 크기의 공간이 존재한다고 생각하고 마이크를 위치시킨다. 이 위치에서 화면의 크기에 따라 배우와 마이크의 거리를 조절한다.

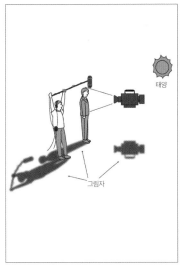

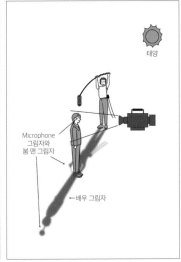

[그림-4] 붐 맨의 올바른 위치   [그림-5] 붐 맨의 올바르지 않은 위치

끝에 달린 마이크가 떨리지 않게 해야 한다. 붐을 오래 들고 있다 보면 손에 힘이 들어가고 붐을 움직일 때 손의 마찰로 생기는 '뿌드덕' 하는 소리가 마이크에 진동을 줄 수 있다. 붐의 무게를 못 이겨 팔을 떨면 마이크도 떨린다. 콘덴서 마이크는 대기의 미세한 압력의 변화에도 반응하기 때문에 마이크가 떨리면 음성을 수음할 때 영향을 줄 수 있다.

  야외에서 촬영할 때는 [그림-4]처럼 태양을 바라보고 자리를 잡아야 붐 맨과 붐의 그림자가 배우 쪽으로 생기지 않는다. [그림-5]처럼 태양을 등지고 서거나 조명을 등지고 서면 배우에게 그림자가 생기므로 반드시 배우와 카메라를 기준으로 태양이나 조명을 바라보는 위치에 자리를 잡아야 한다. 이로 인해 붐 맨의 얼굴은 항상 검게 그을리지만, 소리를 녹음하기 위해서는 감수해야만 하는 일이다.

배우의 음성이 효과음과 겹치면 대사 전달에 문제가 생긴다. 배우가 걸어갈 때 들려야 하는 발소리, 자동차 문을 여닫을 때 '찰카닥'하고 열리는 소리와 '펑' 하고 닫는 소리는 가급적 대사와 겹치지 않게 해야 한다. 녹음을 할 때 배우의 음성과 효과음이 겹치면 배우의 음성이 효과음에 가려지기 때문이다.

식사하며 대화하는 장면을 촬영할 때를 예로 들어보자. 이 경우 일상에서는 자연스럽게 하는 행동이 나올 수 있다. 하지만 촬영 현장에서는 대사와 효과음에 해당하는 행동을 피해서 연기해 달라고 배우에게 부탁해야 한다. 물컵 내려놓는 소리나 식기를 식탁 위에 내려놓는 소리가 대사와 겹치면 그 부분의 대사가 안 들릴 수 있기 때문이다. 예를 들면 연기자가 대사하기 전에 숟가락을 내려놓고 할 수도 있고, 대사한 후에 숟가락을 내려놓을 수도 있다. 그러나 대사를 하는 중간에 숟가락을 내려놓게 되면 문제가 생길 수 있다. 젓가락 놓는 소리와 대사가 같이 들리면 대사 전달이 안 되기 때문에 대사와 겹치지 않게 젓가락을 내려놓아 달라고 부탁해야 한다. 자동차에서 내리는 장면을 촬영할 때도 마찬가지다. 차 문을 닫는 소리와 대사가 겹치면 대사 전달이 되지 않는다. 이 경우에도 대사와 겹치지 않게 문을 닫아달라고 해야 한다. 울림이 심한 대리석 바닥을 걸으면서 대사를 할 때도 그러하다. 신발 소리로 인해 대사 전달에 지장을 주기 때문에 이런 경우에는 신발 바닥에 충격 흡수 테이프를 붙이거나 고무테이프를 붙여 발소리가 최대한 대사에 지장을 주지 않게 해야 한다. 마이크의 진동판은 두 개의 음파가 겹쳐지면 힘이 큰 음파의 파형이 힘이 작은 음파의 파형을 덮어버리기 때문이다.

영상이 만들어지는 공간에서는 수시로 많은 변수가 발생한다. 예컨대 멀리 있던 스모그 머신이 카메라 주위로 다가온다든가, 냉장고에서 소음이 들린다든가, 하수구 뚜껑 아래로 물 흘러가는 소리가 들린다든가 하는 일들이 수시로 벌어진다. 그러면 배우의 동선이 바뀔 수밖에 없다. 이 외에도 비행기 소리나 오토바이 소리처럼 갑자기 발생하는 다양한 변수에 대한 대처 능력을 키워 나가야 한다.

녹음기사 다음으로 중요한 역할을 하는 붐 맨은 녹음팀의 원활한 일을 도모하기 위해 녹음기사보다 현장에서 더 뛰어다녀야 한다. 보통 현장과 멀리 떨어진 곳에 모니터 테이블(감독, 스크립터, 현장 편집, 영화사 대표, 피디 등이 있다)과 녹음 장비, 녹음기사가 있기 때문이다. 붐 맨이 가지고 있는 붐 마이크는 카메라 주위의 진행 상황을 그들에게 소리로 들려줄 수 있다. 붐 맨으로 경력을 만들어 가다 보면 현장에서 배우와 촬영감독, 조명감독, 조감독 등 모두와 함께 호흡하며 일을 한다는 걸 느끼는 때가 올 것이다.

1994년 붐 맨 시절 쓴 일기의 한 부분

카메라와 촬영감독님, 조명감독님과 조명기기를 들고 있는 조명팀, 조감독님과 연출부(슬레이트 담당)가 액션 사인을 기다리고, 배우가 연기하는 곳까지 붐을 뻗어 들고 있을 때는 나 자신도 배우와 같이 연기하는 몸이 된 느낌이었다.

조수 때는 붐 맨 형님을 따라다니며 라인을 끌어다 주고 정리했고, 붐을 들고 뛸 때는 라인을 들고 같이 뛰어다녔다. 보조로 붐을 잡을 때도 있지만 그리 어려움을 요하는 일은 아니었다.

이제는 내가 그 자리에 그들과 함께 서 있고, 누군가의 지시로 일을 하는 게 아니라 그동안 현장에서 보고 배운 것을 나 스스로 해내야 한다.

감독님이나 촬영감독님은 현장의 분위기나 환경에 따라 시나리오상의 대사를 배우의 입에 맞게 수정하거나 화각의 구도를 바꾸기도 하고, 어느 위치에서 대사해 달라고 주문을 하는 경우도 있다. 카메라의 위치에 따라 조명이나 햇빛에 의한 마이크 그림자, 붐 그림자를 피할 수 있는지 미리 알고 있어야 하기 때문이다.

카메라 렌즈의 화각은 영상 속의 배경이나 배우의 신체가 화면상에 차지하는 크기를 결정하기 때문에 렌즈의 크기에 따라 화각이 어떻게 변하는지 알고 있어야 한다. 배우의 신체가 어디서부터 어디까지 나오는지 알고 있어야 붐 마이크의 위치를 정할 수 있기 때문이다. 붐 맨은 자신이 있어야 할 자리를 못 잡게 되면 붐 그림자나 마이크 그림자, 어쩔 때는 붐 맨 그 자신의 그림자도 화면에 나올 수 있다는 것을 알아야 한다. 더욱 중요한 건, 그분들과 한마음으로 같이 일을 하는 것이다. 나의 일만 중요하다고 욕심을 부리는 순간, 그분들에게도 피해가 갈 수 있기 때문이다. 겸손은 어딜 가나 중요하다.

3) 케이블 맨

케이블 맨은 전문적인 지식을 배워가는 단계에 있는 위치라고
할 수 있다. 처음 현장에서 일할 때는 제작 현장에 대한 지식이나
각 부서에서 어떤 일을 하는지 대략적으로만 알고 있기 쉽다. 케
이블 맨은 자신이 속해 있는 부서가 어떤 순서로 일하는지, 각자
위치에서는 무슨 일을 하는지, 다른 부서와는 어떤 협력의 관계
가 있는지 알아가는 위치다.

1991년 조수 시절 쓴 일기의 한 부분

한양스튜디오 동시녹음 팀으로 들어갔을 때, 처음 배운 것이 인
사였다. 윗사람이건 아랫사람이건 제일 처음으로 해야 하는 일이
인사였다. 다음으로 배운 것이 녹음실 바닥을 대걸레로 청소하는
일이었다. 그다음은 손걸레를 빨아서 기계 위에 쌓여 있는 먼지를
닦아내는 일이었다. 여름에는 그나마 물의 온도를 견딜 수 있었지
만 봄, 가을, 겨울에는 손이 시려서 머리가 띵할 정도였다. 녹음실
옥상에 있는 커다란 물탱크에서 물을 받아서 아래층으로 연결된 수
도 파이프로 각 층에 물을 공급하는 구조였는데 그래서인지 겨울에
는 물이 더 차갑게 느껴졌다. 찬물에 손을 넣으면 손등에 흐르는 피
가 식으면서 온몸의 피가 차가워지는 느낌을 받는다. 어느 정도 일
이 익숙해졌을 때야 비로소 현장 녹음용 장비들을 볼 수 있었고, 어
떻게 쓰이는지 알 수 있을 정도였다. 당시에는 장비를 수입해서 판
매하는 곳이 없었기에 장비 하나하나를 귀하게 다루어야 했다. 막
내인 나는 마이크 케이블만을 만질 수 있었다. 선배들에게 처음으
로 배운 것은 마이크 라인 감는 법, 장비의 명칭을 알아 두는 정도

였다. 모든 장비들은 처음 접하는 것이어서, 한 번만 듣고 외우기에는 내 머리가 따라가지 못했다. 그때마다 듣는 말이 "메모해"였다.

선배들은 나에게 동대문시장에 가서 허리에 차는 싼 가방 하나를 구매하라고 하셨다. 그다음 종로의 의료기기 판매하는 곳에 가서 병원에서 쓰는 가위를 사고, 문방구에서 작은 수첩과 볼펜을 사서 그 가방에 넣으라고 하셨다. 청계천에서 작은 십자드라이버와 멀티테스터기도 사서 같이 넣고 다니라고 하셨다.

모든 음향 장비는 견고한 박스에 넣어 가지고 다녔으며, 박스 안에 들어가는 장비의 목록을 다 외우지 못했기에 장비를 어떻게 사용하는지 이해를 한 후에야 빨리 외울 수 있었다. 예를 들어 마이크 박스에 있는 장비 목록을 외울 때는 배우의 음성을 받아들이는 초지향성 마이크 두 자루와 주변 소음이 심할 때 사용하는 극초지향성 마이크 한 자루, 마이크를 고정하는 쇼크 마운트(충격 흡수 장치)와 스폰지 재질(폼 윈드스크린)의 마이크에 끼우는 것, 야외에서 사용하는 윈드스크린(마이크를 움직일 때 바람 소리가 마이크에 영향을 주는 걸 방지하는 장치)과 심한 바람이 불 때 그 위에 덮어 사용하는 털로 된 옷(윈드재머) 식으로 외우면 편리했다.

현장에서는 선배들의 지시에 따라 잡일을 해야 했다. 장비를 어디에 사용하는지도 잘 모르고, 장비를 싣고 다니는 촬영 버스에는 촬영팀과 녹음팀 장비가 같이 있었기에, 일을 모르는 내가 나서면 실수를 할 수도 있었다. 무거운 장비를 촬영 버스에서 내리거나 올리는 일을 하고, 장비들을 현장까지 가져다주면 선배들은 장비를 조립했다. 촬영 버스에서 장비를 내릴 때는 버스에서 내려 장비를 바닥에 놓기 전까지는 숨을 참아야 했다. 숨을 쉬는 순간 온몸의 힘이 빠져 박스를 놓칠 수가 있기 때문이다. 장비는 충격을 주어서는 안 되었기에 조심조심 다루어야 했다.

　현장에서는 마이크 케이블을 붐 맨 선배에게 끌어다 주는 일을 했다. 케이블의 한쪽에는 암놈 커넥터가, 반대쪽은 수놈 커넥터가 달려 있었기에 마이크 케이블을 반대로 끌어다 주었다가는 혼이 나곤 했다. 한 장면이 오케이 사인이 나면 마이크 케이블을 녹음기사님이 있는 자리로 가져다주거나, 다음 장면이 촬영될 장소로 가져다 놓는 일을 했다. 한 신(Scene)의 영상을 만들기 위해 한 장소에서 카메라의 위치만 바꾸어 가며 영상을 제작하는 일이 대다수였기에 신이 마무리되기까지 마이크 케이블은 그 주변에서 크게 이동하지 않았다. 이 외에도 구경하는 사람들을 조용히 시키는 일, 종이컵에 커피를 타서 가져다드리는 일 등 잔심부름도 하고, 여러 필요한 것을 가져다주는 역할도 했다.

[사진-4] 울진의 바닷가 해변에서 <점쟁이들> 촬영을 마치고 케이블을 정리하는 모습

3. 녹음 장비

　디지털 장비인 컴퓨터가 인식하는 파일로 소리를 저장하기까지, 영화 발전의 모든 순간에는 아날로그 방식의 음향 기기가 있었다. 유성 영화 초기에는 녹음 장비의 크기나 무게로 인해 이동에 난관이 있었기 때문에 영상과 동기화에 대한 기술적 어려움을 해소하지 못했다. 전자 회로의 출현과 발전으로 음향 장비가 간소화되고 휴대가 가능해지며 영상과의 동기화 문제도 해소되었다. 하지만 또 다른 어려움에 봉착했다. 바로 산업이 발전하면서 여러 가지 소리가 발생한 것이다. 이런 소리로 건물 밖에 설치된 에어컨 공조기 소리나 겨울철 보일러 돌아가는 소리, 냉장고의 냉각기 소리, 전투기 소리 등을 들 수 있다. 이러한 문제를 해결하기 위해서는 녹음기에 소리가 저장되는 원리와 발전 과정 마이크가 소리를 감지하는 원리와 영화제작 현장에서 사용하는 마이크가 소리를 감지하는 원리를 이해해야 한다. 소리와 녹음의 원리를 알게 되면 녹음에 대한 이해도도 높아지리라 생각한다.

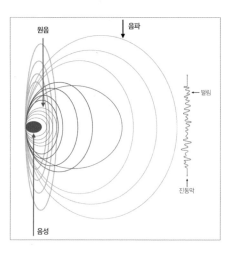

[그림-6] 음파의 영향을 받아
진동하는 진동막

소리가 처음 발생한 곳을 '음원'이라고 한다. 입은 음성이 발생하는 곳으로 음원으로 볼 수 있다. 음원에서 가까운 곳은 외부의 다른 소리에 영향을 받지 않기 때문에 음원 본래 소리의 성격을 갖는다. 음원에서 퍼져나가는 소리의 형상을 '음파'라고 한다. 음파는 장애물과 만나면 장애물에 진동을 남긴다.

1) 녹음기 : 녹음기의 발전 과정과 디지털 녹음기의 등장

녹음기는 음성을 저장하고 재생하기 위한 목적으로 탄생했다. 여기에서는 최초의 녹음 장치부터 현재 사용하는 디지털 녹음기까지를 정리해 설명한다.

(1) 초기의 녹음 장치

아래는 인간의 청각 해부도를 기반으로 음성의 진동을 시각적으로 표현한 최초의 음성 기록 장치인 포노토그래프(phonautograph)의 원리를 그림으로 설명한 것이다. 고막에 해당하는 막이 진동하면 진동막과 연결된 털이 진동하며 그 떨림을 기록한다. 최초로 음성을 기록한 방법은 한지 위에 붓으로 음성의 진동을 그림으로 표현한 것이었다. 이후 기록될 곳의 표면에 진동을 조각하는 방식으로 기계가 발전했다. 기록하는 곳의 모양도 원반과 원통으로 나뉘고 소리를 증폭하는 원뿔 형태의 혼을 사용하기 시작했다.

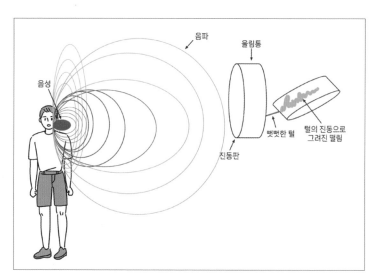

[그림-7] 소리의 진동을 시각적으로 기록한 원리

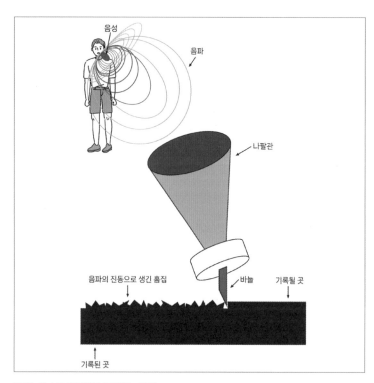

[그림-8] 소리의 진동을 조각하는 원리

[그림-8]처럼 원반 위(Sound On Disc)에 소리를 저장하고 재생한다는 생각을 한 사람은 프랑스의 시인이자 발명가인 샤를 크로(Émile-Hortensius-Charles Cros)이다. 그는 음성의 파동이 일으키는 진동을 그림으로 표현하는 원리를 바탕으로 진동을 조각하는 방법을 생각해 냈지만 실용화하지는 못했다. 이 녹음기는 팔레오폰(Paleophone(voix du passé))으로 알려져 있다. 그리고 이와 같은 원리로 에디슨은 원통 위에 소리를 저장하고 재생(Sound On Cylinder)하는 납관식 축음기, 즉 포노그래프(Phonograph)를 개발했다. 납관식 축음기는 영상으로만 존재했던 영화가 음성을 더하게 되는 계기를 마련했다. 원뿔 형태의 혼(horn)을 사용하여 화면이 표현하는 소리에 포노그래프로 녹음을 하고 화면과 같이 재생한다.5 1895년 12월 28일 프랑스 파리 그랑카페에서 뤼미에르 형제가 영상만 있는 몇 편의 활동사진을 최초로 상영하며 영화가 탄생했다. 기록에 따르면 대부분의 무성 영화들은 피아노나 오르간에서부터 완전한 오케스트라에 이르는 생음악을 동반했다.6 무성 영화에도 소리는 존재했지만 스스로 소리를 내지는 못했기에 스크린 뒤에서 효과음을 내고 관객석과 스크린 중간에서 곡을 연주했다. 우리나라의 무성 영화 시절에는 변사가 배우의 대사와 상황 설명을 관객에게 들려주었다. 어쩌면 배우보다 풍성한 감성과 언변으로 울기도 하고 웃기도 하며 관객에게 자신의 소리를 전달한 것이다.

5 민병록, 『세계 영화영상기술 발달사』, 문지사, 2001, 29쪽.

6 데이비드 보드웰·크리스틴 톰슨, 『세계영화사(Film History)-An Introduction 3rd Edition』, 지필미디어, 2011, 183쪽.

"1926년 샘 워너는 이 바이타폰에 앰프를 연결하여 뉴욕 브로드웨이의 워너극장에서 세계 최초로 배경음악이 곁들어진 유성 영화 〈돈 후안(Don Juan)〉(앨런 크로슬랜드, 1926)을 상영하였다."[7]

바이타폰(Vitaphone System)은 웨스턴 일렉트릭(Western Electric)사가 개발한 영상과 동기화가 가능한 녹음기이다. 이 장비는 원반 위에 소리를 저장하고 재생하는 사운드 온 디스크(Sound On Disc) 방식을 사용했다. 1887년 에밀 베를리너(Emile Berliner)가 에디슨의 원통 방식 축음기를 넘어서기 위해 자신의 발명품인 마이크를 이용하여 원반을 기록 매체로 하는 그래모폰(Gram-o-phone)을 개발하면서 사운드 온 디스크 저장 방식이 발전하기 시작했다.

<재즈 싱어>와 <뉴욕의 불빛(Lights of New York)>(브라이언 포이, 1928)에서 필름 사운드의 녹음과 재생은 디스크로만 이루어졌다. 세트의 마이크로폰에서 나오는 전자신호는 당시 축음기 녹음과 같은 방식으로 왁스 디스크(Wax Discs)에 녹음되었다.[8]

---

7 김영섭, 『오디오의 유산』, 한길사, 2021, 186쪽.

8 민병록, 앞의 책, 136쪽.

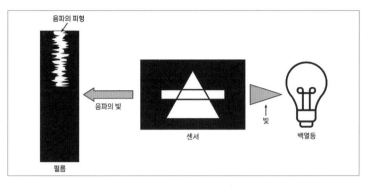

[그림-9] 필름에 소리를 저장하는 원리

　위의 그림처럼 소리를 저장하고 재생하는 기술은 전자 회로의 발전과 함께 성장했다. 하지만 장비의 부피나 무게로 인해 이동이 어렵다는 단점이 있었고 영상과 일치시키는 데에도 어려움이 있었다. 이후 소리를 빛으로 바꾸어 필름에 저장하는 기술을 개발하면서 영상과 소리는 필름을 통해 하나의 완성체가 되어가기 시작했다.

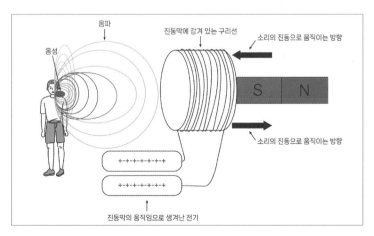

[그림-10] 소리의 진동을 전기신호로 변환하는 원리

　위의 그림처럼 전자석을 이용한 소리 저장 기술을 개발하고 산화철이 도포된 마그네틱 필름에 저장하는 기술이 발전하며 녹음기가 소형화되기 시작했다. 1878년 에디슨의 축음기를 구입한 오벌린 스미스(Oberlin Smith)는 자력을 이용해 강철선에 녹음하는 방식을 고안해 냈다.

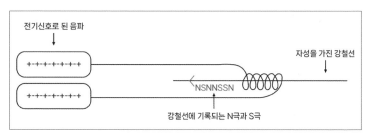

[그림-11] 강철선에 소리를 기록하는 원리

1898년에는 덴마크의 발데마르 폴센(Valdemar Poulsen)이 스미스의 아이디어를 바탕으로 자성을 이용한 전기적 신호의 저장 방식인 최초의 자기(磁氣) 녹음 장치인 텔레그래폰(Telegraphone)을 개발했다. 원통에 일렬로 감아 놓은 강철선을 따라 전자석이 지나가면서 강철선에 자성으로 된 소리의 신호를 저장하는 방식이다.

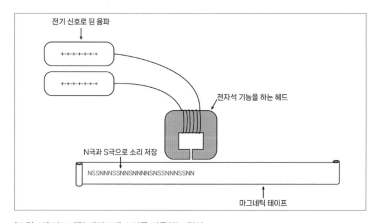

[그림-12] 마그네틱 테이프에 소리를 기록하는 원리

독일의 엔지니어인 프리츠 플뢰머(Fritz Pfleumer)는 폴센의 자기선(magnetic wire)을 대체하는 자기 테이프를 발명하고 1928년 특허를 낸다. 담뱃갑 안에 있는 금속 코팅된 종이를 강철선 대신 사용할 수 있겠다는 생각으로 얇은 종이에 산화철 분말을 입혀 저장 매체로 사용하는 장치이다. 플뢰머는 아에게(AEG)사와 함께 1931년 마그네토폰 케이 원(Magnetophone K1)[9]이라는 릴 투 릴 테이프 레코더(reel-to-reel tape recorder)를 개발한다. 1932년 플뢰머와 계약한 바스프(BASF)사는 자기 테이프 생산에 들어간다. 바스프사는 1934년 셀룰로스에 자기 안료와 산화철을 도포 해서 5만 미터(16만 피트)의 자기 테이프를 생산하고, 1935년 베를린 라디오 박람회에 마그네토폰 케이원과 마그네틱 테이프를 공개한다.

(2) 녹음 기술의 발전과 휴대용 녹음기의 등장

휴대용 녹음기의 등장은 장소의 제약을 받지 않고 소리를 녹음할 수 있는 계기가 되었다. 1951년 폴란드 바르샤바 출생의 스테판 쿠델스키(Stefan Kudelski)가 개발한 휴대용 녹음기 나그라(NAGRA)는 두께 12.7센티미터(5인치), 넓이 17.78센티미터(7인치), 길이 30.48센티미터(12인치)에 무게 5킬로그램(11파운드)인 경량의 녹음기이다. 영화 현장 녹음용으로 1953년 개발한 나그라 II는

---

9 museumofmagneticsoundrecording.org,
   https://museumofmagneticsoundrecording.org/
   ManufacturersAEGMagnetophon.html (2023년 12월 1일).

그래모폰 스프링으로 구동하게 제작했는데 소리의 질이 우수하고 몸체는 정교하며 튼튼하다. 카메라의 속도와 동기화하기 위한 녹음기는 1958년 나온 나그라 III이다. 이 녹음기는 테이프의 속도를 화면과 일치하도록 자동으로 조정하는 기능을 갖추었다. 카메라가 작동할 때 나오는 전기신호를 녹음기로 보내고, 녹음기의 1킬로헤르츠 오실레이터(Oscillator)가 작동해 테이프에 녹음한다.

파일럿 톤(Pilot Tone)은 카메라와 녹음기를 연결하기 위해 전선을 사용했다. 1962년 녹음기와 카메라의 동기화에 사용하는 전선인 네오파일럿 시스템(Neopilot System)이 탄생했다. 이 시스템은 24(23.976) 프레임(frame)으로 촬영되는 카메라의 속도와 같이 녹음기의 속도를 일정하게 회전시켜 주는 역할을 한다. 그전엔 카메라와 녹음기를 연결하는 선 때문에 카메라의 위치 이동에 제약이 있었지만 네오파일럿 시스템으로 이동이 가능해졌다.

1969년에는 나그라 III보다 더 효율적이고 더 나은 소리의 성능을 가진 나그라 IV가 등장했다. 1970년에는 마이크 프리앰프(mic preamp)와 리미터(limiter)가 장착된 나그라 4.2가, 1971년에는 투 트랙 스테레오 녹음이 가능하고 두 종류의 레벨을 선택할 수 있는 스위치(switch), 오디오 리미터(audio limiter), 이퀄라이저(equalizer)의 사전 설정 기능이 장착된 나그라 IV-S가 나왔다. 나그라 4.2나 나그라 IV-S는 2010년까지 영화제작 현장에서 사용했다.

마그네틱 릴 테이프의 녹음되는 면

[그림-13] 녹음하기 전의 마그네틱 테이프

　마그네틱 녹음기에 사용하는 릴 테이프(Reel Tape)는 산화철로
코팅되어 있다. 위 그림은 회색으로 된 부분이 마그네틱 릴 테이
프의 산화철 가루가 코팅된 면이라는 것을 보여준다. 모노 녹음
기나 스테레오 녹음기의 사용에 따라 녹음되는 부분이 정해진다.

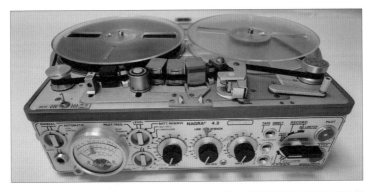

[사진-5] 모노 트랙(Mono Track) 녹음기 나그라 4.2는 테이프 전체 면에 자력으로 된 소리를 입
히기 때문에 음질이 좋을 수밖에 없다. 파일럿 신호는 테이프 가장자리에 녹음된다.

녹음기에 입력된 소리가 녹음되는 부분

[그림-14] 나그라 4.2의 릴 테이프에 녹음된 면. 검은색은 파일럿 신호가 녹음되는 부분이고
노란색은 입력 부분으로, 들어오는 소리가 녹음되는 부분이다.

[사진-6] 스테레오 트랙(Stereo Track) 녹음기 나그라 IV-S는 테이프 면의 반을 나누어 오른쪽
트랙과 왼쪽 트랙으로 사용한다. 파일럿 신호는 두 트랙의 중앙에 녹음이 된다.

[그림-15] 적색은 첫 번째 채널(Left=No.1 Channel)이 녹음되는 부분이고, 녹색은 두 번째 채널
(Right=No.2 Channel)이 녹음되는 부분이다. 가운데 검은 부분에 파일럿 신호가 녹음
된다.

[사진-7] <사랑>(곽경택, 2007)의 촬영 현장에서 나그라 녹음기의 마크네틱 테이프를 교체하고
있는 모습이다. 현장에서 녹음테이프를 교체할 때는 모든 작업을 멈춘다.

2000년을 기준으로 디지털 장비를 도입하면서 2023년 현재 현장에서는 디지털 장비를 사용하고 있다.

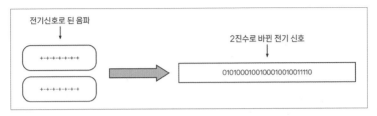

[그림-16] 전기신호를 디지털 신호로 변환하는 원리

[사진-8] 파이어페이스 400(FireFace 400)은 아날로그의 소리를 컴퓨터가 읽을 수 있는 파일로 변환해 주는 에이디 컨버터(A/D Converter)이다.

[사진-9] 소니(Sony) TCD D10

이 녹음기는 단편영화에 많이 사용했다. 아날로그 방식으로 녹음 분량이 30분으로 한정되지만 30분, 60분, 120분에 해당하는 테이프의 종류가 있다. 이 녹음기의 등장으로 부피는 작아지고 더 많은 양의 데이터를 저장할 수 있게 되었다. 단 저장은 디지털

방식으로 하지만 재생은 아날로그 방식으로 해야 한다는 단점이
있다.

[사진-10] 테스캠 녹음기와 피에스씨 휴대용 믹서

이 기기는 녹음한 소리를 파일로 저장할 수 있다는 것이 장점
이다. 단점은 입력단자가 두 개인 것과 자체적으로 마이크 파워
를 사용하면 음질이 떨어진다는 것이다. 하지만 음질이 보장되는
믹서와 같이 사용하면 큰 무리 없이 사용할 수 있다.

[사진-11] 소노삭스 SX R4+ 녹음기

소노삭스는 현재 사용하는 녹음기이며 다수의 채널과 그에 호응하
는 트랙이 형성되어 있어서 여러 개의 마이크를 사용할 때 유리하다.
각각의 입력으로 들어오는 소리를 각각의 트랙에 저장할 수 있다.

(3) 나그라 녹음기

영화제작 현장에서 오랫동안 사용해 온 나그라 녹음기는 현재 사용하는 녹음기들의 기초가 된 장비이기 때문에 이 녹음기를 위주로 설명을 하고자 한다.

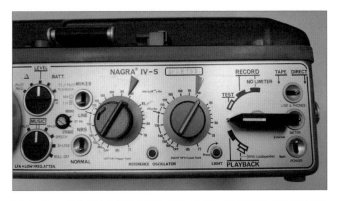

[사진-12] 나그라 녹음기의 작동 스위치. 작동 스위치는 위에서부터 시계 반대 방향으로 레코드-노 리미터, 레코드, 테스트, 스톱, 플레이백, 플레이 위드 라우드스피커의 순서로 되어 있다.

- 레코드-노 리미터(Record-No Limiter): 소리를 기록하기 시작하는 스위치이며 크게 들어오는 소리가 왜곡되어 녹음되지 않게 자체적으로 소리를 낮추어 주는 기능이 있다.

- 레코드(Record): 노 리미터의 기능 없이 녹음한다.

- 테스트(Test): 녹음하지 않고 소리를 듣는 기능을 한다.

- 플레이백(Playback): 헤드폰으로 녹음한 소리를 듣는 기능을 한다.

- 플레이 위드 라우드스피커(Playback with Loudspeaker): 녹음기에 내장된 스피커로 녹음한 소리를 듣는 기능을 한다.

[사진-13] 티씨/파일롯과 스피드/파워 램프

- 티씨/파일롯(TC/Pilot)): 영상과 동기화하는 신호를 녹음하는
램프다.

- 스피드/파워(Speed & Power): 녹음기의 릴을 회전시키는 모터
가 영상과 동기화하는 속도로 준비되었다고 알리는 램프다.
녹음기나 카메라의 모터는 정속으로 작동하는 것이 아니라
일정 시간이 흐른 후에 정속으로 회전한다. 그렇기 때문에 녹
음기의 스위치를 켜고 램프의 작동 여부를 확인 후 신호를 보
내면 붐 맨은 '스피드(Speed)'라고 외친다.

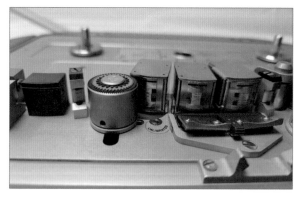

[사진-14] 나그라 녹음기의 헤드(head) 부분. 녹음 전 마그네틱 테이프
의 잔재물을 지워주는 이레이져 헤드(Eraser Head), 녹음 헤드
(Recording Head), 재생 헤드(Play Head)가 일렬로 위치한다.

[사진-15] 레퍼런스 오실레이터 스위치(Reference Oscillator Switch)

이 스위치는 참고용 발진음을 출력하는 스위치다. 스위치를 작동하면 "삐" 하는 발진음이 들리고, 모듈로미터(Modulometer)의 바늘이 정중앙에 위치한다. 발진음은 현장 녹음용어로 '헤드톤(Headtone)'이라고 하는데 테이프의 제일 앞부분에 녹음해 두어야 다른 녹음기에서 재생할 때 기준을 어디에 두고 녹음했는지 알 수 있다. 청력이 사람마다 다르듯 같은 종류의 녹음기라도 헤드의 위치나 녹음하는 기준에 차이가 있으므로 헤드톤 녹음은 녹음기사가 기본으로 해야 하는 일 중 하나이다.

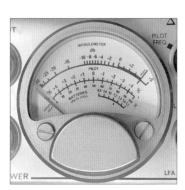

[사진-16] 모듈로미터

녹음기가 작동할 때 중요하게 다뤄야 하는 것은 음량이다. 음량을 조절하는 불륨을 언제든 움직일 수 있게 손으로 잡고 있어야 한다. 녹음기에는 받아들일 수 있는 소리의 한계가 있다. 그리고 그 한계를 나타내는 수치가 있다. 작은 소리는 상관없지만 큰 소리는 볼륨을 조절해야 한다. 헤드폰으로 소리를 들어가며 조절하기도 하지만 측정계를 보면서 작업하기도 한다. 측정계는 녹음되는 곳의 한계를 나타내기 때문에 중요한 역할을 한다. -40에서 0까지 하나의 선으로 되어 있고, 0에서 +2 그리고 맥스까지 두꺼운 선으로 되어 있다. 일정한 두께의 선은 소리가 안정하게 녹음되는 부분을 나타내고, 선이 두꺼운 쪽은 소리가 불안정한 것을 나타낸다. 마이크 앞에서 큰 소리를 내면 바늘이 맥스 부분에 붙게 되는데, 이 경우 소리가 왜곡되어 녹음될 수 있다.

[사진-17] 소노삭스 녹음기의 LCD 모니터

위의 사진에서 소노삭스 녹음기의 음량 크기와 녹음되는 소리에 대한 정보를 확인할 수 있다. 소리가 -60부터 0까지 수치로 나타나는데, -60부터 -20까지는 초록색으로, -20부터 -5까지는 노란색, -5부터 0까지는 적색으로 표시된다. 초록색 부분이 소리가 안정적으로 녹음되는 부분이며 노란색은 불안정하게 녹음되는 부분이다. 만약 0부터 10까지의 볼륨이라면 받아들일 수 있는 소리의 한계는 10이다. 녹음하려는 소리의 크기가 7과 8에 있을 때 안정적으로 녹음할 수 있다. 야외에서 배우의 대사를 녹음한다면 속삭이든 소리를 지르든 간에 배우의 목소리 크기는 7이나 8이 되어야 하고, 그 밖의 주변 소음들은 2에서 3 정도가 되어야 한다. 주변 소음이 4에서 6 정도의 크기라면 대사에 방해가 된다. 배우가 속삭이듯 대사를 할 때는 작게 녹음해야 하는 것이 아니냐는 질문을 받은 적이 있다. 속삭이는 대사라고 해도 관객에게 반드시 전달되어야 하고, 또한 후반 작업에서 소리의 크기를 조절해도 되기 때문에 동일한 크기의 소리를 녹음해야 한다.

배우가 소리치는 대사가 귀가 찢어질 정도로 크게 들렸으면 좋겠다고 크게 녹음을 해달라는 부탁을 받은 적도 있다. 이런 경우 8에서 9 사이까지는 왔다 갔다 해도 되지만 소리의 한곗값인 10을 넘기게 되면 녹음된 소리에 왜곡이 생겨 사용하지 못할 수 있다. 악을 쓰며 소리치는 듯한 느낌은 배우가 내는 것이고, 소리의 크기는 후반 작업에서 맞추면 된다. 현장에서는 소리를 사용할 수 있게 녹음하는 것이 우선이다. 따라서 녹음 시에는 소리의 전달을 최우선으로 생각해야 한다.

2) 마이크(Microphone)

(1) 마이크의 원리

마이크는 음파를 감지해 기록 가능한 신호로 변환시켜 주는 역할을 한다. 전기를 이용한 마이크를 개발하기 전에는 나팔관을 사용했다. 소리가 발생하는 곳에 나팔관의 넓은 쪽을 맞추어 놓으면 좁은 쪽에서 정확히 들을 수 있었다. 넓은 쪽으로 들어오는 소리의 파형을 좁은 쪽에서 모아 듣는 역할을 하는 것이다. 소리를 모아서 들을 수는 있으나 들어오는 소리의 크기를 크게 만드는 데는 한계가 있기에 소리의 발생지에 나팔관을 최대한 가까이 가져다 놓는 수밖에 없다. 나팔관의 좁은 쪽에는 음파를 기록할 수 있게 변환시켜 주는 막이 존재한다. 이 막이 마이크에 중요한 역할을 하는 진동판(Diaphragm)이다. 진동판은 인간의 몸속 흉부와 복부의 경계에 있는 횡격막을 뜻한다. 진동판은 우리가 숨 쉬는 공간에 존재하는 소리 에너지를 2차원의 운동에너지로 바꿔주는 역할을 한다. 마이크의 구조를 살펴보면 음파를 받아들이는 진동판과 전달된 음파를 전기신호로 바꿔주는 자석을 감싼 코일로 이루어져 있다. 코일은 진동판에 연결되어 있다. 진동판에 음파의 진동이 전달되면 자석을 감싼 코일이 움직이며 전기신호를 만드는 원리이다.

(2) 마이크의 종류

마이크는 다이내믹형과 콘덴서형, 리본형으로 종류를 나눌 수 있다. 다이내믹형 마이크는 무빙 코일형으로, 코일이 붙어 있는 진동판이 음파의 힘에 의해 진동하면 자석 주위를 움직이는 코일에 전기가 발생한다. 이 전기가 소리의 신호가 된다. 콘덴서형 마이크는 전기를 저장할 수 있는 두 개의 전극판 중 한쪽을 진동판으로 바꾼 것이다. 진동판이 음파에 진동하면 저장된 전기의 용량이 변하고, 변화된 전기 용량이 소리의 신호가 되는 원리이다. 리본형 마이크는 물결 모양의 얇은 철판을 자석 사이에 위치시켜, 음파의 영향을 받은 철판이 진동하며 전기신호를 만들어 내는 원리로 작동한다.

영화제작 현장에서는 콘덴서형 마이크를 사용한다. 다이내믹 마이크는 진동판 가까이 음파의 힘을 가함으로써 진동판이 떨리는데, 콘덴서형 마이크는 진동판과 고정판 사이에 존재하는 전하량의 변화가 소리의 신호가 되기 때문에 진동판 주위에 존재하는 대기의 미세한 변화에도 반응한다. 진동판과 고정판 사이에 전하가 채워져야 작동을 시작하므로 팬텀 파워(Phantom Power, 48v)나 티 타입(T Type, 12v)의 전원이 들어가야 한다. 『영화녹음』제3장10에는 녹음기사의 기본 장비인 초지향성 마이크의 그림과 설명이 있으니 참고하면 좋겠다.

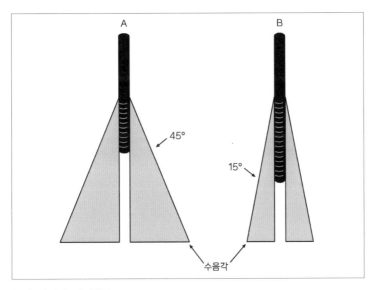

[그림-17] 마이크의 지향각

현장에서 사용하는 마이크는 종류에 따라 소리를 받아들이는 각도가 정해져 있다. 지향하는 곳의 90도와 45도로 수음각이 형

10 찰스 B. 프레이터, 앞의 책, 91쪽.

성된다. 삼각형은 소리를 받아들이는 부분이다. 이곳을 벗어나면 청명하지 못한 소리가 들린다.

[사진-18] 젠하이저(Sennheiser) MKH 416 P48, 길이 250mm, 지름 19mm, 무게 500g

[사진-19] 노이만(Neumann) KMR 81i P48, 길이 213mm, 지름 21mm, 무게 145g

현장에서는 [사진-18]을 '416'이라고 부르고, [사진-19]를 '81 아이(i)'라고 부른다. 둘 다 지향하는 곳으로 90도로 펼쳐지는 수음각을 가진다.

[사진-20] 노이만 KMR 82i P48, 길이 395mm, 지름 21mm, 무게 250g. 82아이(i) 마이크는 지향하는 방향으로 45°로 펼쳐지는 수음각을 가진다.

416과 81i는 여러 명의 배우가 대사를 주고받을 때나 그룹(WallaWalla) 녹음, 주변 소음이 비교적 적은 곳이나 공간이 협소한 곳에서 사용한다. 82i는 무게가 무거워 붐을 길게 빼고 들면 붐이 곡선 모양으로 휜다. 장점은 주변 소음이 많은 곳에서 배우의 대사를 수음하기 좋다는 것이다. 단점은 수음각을 벗어나면 불필요한 소리까지 들린다는 것이다. 82i는 롱 숏(long shot)으로 촬영할 때 멀리 있는 배우의 대사를 잡기 위해서 많이 사용한다. 아주 멀리 있는 배우의 대사까지 수음할 수는 없지만, 조용한 시골길이나 들판이라면 어떤 대사를 했는지 정도는 들을 수 있다. 하지만 지향각을 벗어나면 전혀 다른 소리가 들리기 때문에 경력이 많은 노련한 붐 맨이 들어야 한다.

* 주의사항

현장에서 사용하는 마이크는 방향과 위치 그리고 음원과의 거리가 중요하다. 소리의 크기에 따라 음원과 거리 조절을 해 주어야 하고, 믹서를 조작하는 사람이 녹음기에 적당한 크기로 기록할 수 있게 조절해 주어야 한다. 마이크는 진동판과 작은 회로들의 집합체다. 충격을 주거나 전원이 들어가 있는 상태로 케이블과 분리하면 고장의 원인이 될 수 있다. 마이크 관련 보조 장비를 조립할 때는 가급적 낮은 곳에서 조립해야 마이크가 떨어졌을 때 충격을 덜받는다. 마지막으로 장시간 사용하지 않을 때는 습기가 없는 곳에 보관해야 한다. 그래야 다시 사용할 때 제대로 기능한다.

3) 마이크의 부속품

(1) 모듈러 서스펜션-쇼크 마운트(Modular suspensions-Shock Mount)

'쇼크 마운트'라고 부른다. 외부로부터 받는 충격이 마이크에 전달되지 않게 단절시켜 주는 기능을 한다.

[사진-21] KMR 82i를 전용 쇼크 마운트에 장착한 모습

[사진-22] 모듈러 서스펜션-쇼크 마운트

(2) 모듈러 윈드실드-윈드스크린(Modular Windshield-Windscreen)

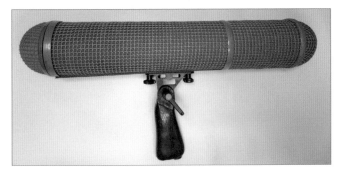

[사진-23] 모듈러 윈드실드

[사진-24] 모듈러 윈드실드 내부 모습으로 윈드스크린이라는
명칭을 사용한다. 야외에서 대기의 흐름(바람)이 마
이크에 영향을 직접 주지 않게 하려고 사용한다. 타
원형의 원통 모양으로, 마이크가 안에 들어가게 되
어 있다.

(3) 윈드재머(Windjammer)

[사진-25] 윈드스크린에 덧씌운 재머의 모습. 재머는 강한 바람이 마이크에 주는 영향을 막기 위해 사용한다. 단점은 불 근처에만 가도 털이 눌어붙을 정도로 불에 매우 약하다는 것이다.

(4) 레인 커버(Rain Cover)

[사진-26] 레인 커버는 비가 오는 장면을 촬영할 때 윈드스크린에 떨어지는 빗방울 소리를 없애기 위해 사용한다.

(5) 유니버셜-쇼크 마운트(Universal-shock mount)

[사진-27] 실내에서 사용하는 마이크 충격 완화 장
치인 유니버셜-쇼크 마운트는 천장이
낮은 한정된 공간에서 마이크의 부피와
무게를 최소화해 주는 장비다.

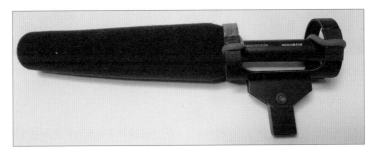

[사진-28] 유니버셜-쇼크 마운트에 장착한 416 마이크

(6) 마이크 파워 서플라이(Mic Power Supply)

[사진-29] 피에스씨(PSC) 유니버설(Universal) 마이크 파워 서플라이

[사진-30] 마이크 전원 공급 장치. 왼쪽은 피에스씨 유니버설 마이크 전원 서플라이, 오른쪽은 노이만 마이크 파워 서플라이이다.

　　마이크 전원이 필요할 때 사용하며 48볼트(Phantom Power)와 12볼트 티 타입의 전원을 선택해서 사용한다. 마이크는 48볼트 와 12볼트가 정해져 있어서 전원을 확인한 후에 사용해야 한다. FLAT, HP II, HP II, 0dB, -10dB, -20dB 등 소리의 저음과 입력되는 소리의 크기를 조절하는 스위치가 있다.

4) 녹음 기록장

녹음 기록장은 현장에서 녹음기사가 작성한 작업 보고서다. 현장에서 녹음 작업을 하기 전에 자신이 참여하는 영화의 제목, 사용하는 녹음기의 종류 등을 기록한다. 작업 시작 후에는 기록할 것이 더욱 많아진다. 녹음을 시작할 때 기본적으로 녹음기의 기준 톤(Tone), 테이프의 번호, 녹음하는 날짜, 녹음하는 장소, 녹음한 시간, 녹음한 신(Scene), 컷(Cut), 테이크(Take), 비고란(Remark)에 잡음의 유무, 녹음 트랙의 수와 용도, 배경음 녹음(Ambience), 대사 녹음(Dialogue), 그룹 녹음 등을 기록한다. 기록장은 녹음에 관한 전반적인 사항과 녹음할 때 일어난 일을 자세하게 기록하는 중요한 보고서이다. 소리는 눈으로 볼 수 없다. 소리는 일일이 귀로 들으면서 확인해야 하므로 시간이 많이 소요될 수밖에 없다. 녹음 기록장이 중요한 이유다.

녹음 기록장 없이 60분 동안 녹음한다고 상상해 보자. 녹음한 분량 중 찾으려는 소리가 어디쯤 있는지 어렴풋이 생각은 나겠지만, 그 소리를 찾기 위해 앞으로 돌렸다 뒤로 돌렸다 하면서 들어봐야 할 것이다. 찾으려는 소리가 부분부분 있다면 아예 처음부터 들으면서 기록을 다시 하는 것이 편할지도 모른다. 현장에서 녹음 작업을 하다 보면 슬레이트를 못 치는 경우가 있다. 인서트로 사물을 가까이서 촬영하는 경우나 롱 숏을 촬영하는 경우가 여기에 해당한다. 배우의 감정 때문에 컷의 마지막 부분에서 슬레이트를 치는 경우도 있다. 이렇게 마지막에 슬레이트를 넣거나 인서트 촬영으로 슬레이트를 넣지 못하는 경우 원하는 부분을 찾기가 더욱 힘들기 마련이다. 이런 때에는 감독이 액션 사인을 외치기 전에 미리 신 번호나 컷 번호, 테이크 번호를 녹음해 두는 것이 도움이 된다.

컷의 마지막에 슬레이트를 넣는 것을 '엔드 슬레이트(End Slate)'라고 하는데, 정확하게는 '테일 슬레이트(Tail Slate)'라고 해야 한다. 영화 전체의 마지막 슬레이트가 아니라 컷의 마지막 슬레이트이기 때문이다. 이렇게 슬레이트를 마지막에 넣다 보면 감독의 컷 소리에 카메라 스위치를 그냥 꺼버려서 슬레이트를 넣지 못하는 경우도 더러 생긴다. 이런 경우 컷 번호와 테이크 번호를 잘 기록해 두면 편집실에서 그림과 소리의 싱크 작업을 할 때 좀 더 손쉽게 작업할 수 있다. 녹음 기록장을 충실히 작성하면 편집실이나 믹싱(Mixing) 녹음실에서 동시녹음 소스를 잘 활용할 수 있을 것이다.

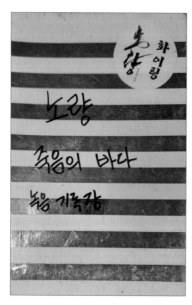

[사진-31] <노량: 죽음의 바다>(김한민, 2022) 녹음 기록장. 녹음기에 메타데이터(metadata)가 저장되기 때문에 녹음기에도 기록을 하지만, 기록장에는 녹음기에 기록할 수 없는 더 많은 정보를 담을 수 있다.

(1) 녹음 기록장의 구성

① 영화의 제목

영화의 제목은 녹음 기록장 제일 앞표지에 크게 써놓아야 편집실이나 녹음실에서 후반 작업을 할 때 다른 작업의 기록장과 섞이지 않으며 한눈에 보기에도 편하다. 후반 작업실에서는 영화 한 편만을 작업하는 게 아니기 때문이다.

② 사용한 녹음기의 종류

사용한 녹음기의 종류를 적어두어야 자신이 디지털 녹음기를 사용했는지 아날로그 녹음기를 사용했는지 알 수 있다. DAT 녹음기를 사용한다 해도 DAT 녹음기의 회사에 따라 또는 기능에 따라 음색이나 음질이 다를 수 있기 때문이다.

③ 녹음테이프의 번호, 파일의 폴더

녹음테이프의 번호는 테이프의 일련번호로서 녹음한 순서대로 번호를 적는다. 그 속에 녹음한 소리는 기록장과 일치해야 한다. 그래야 어떤 소리를 찾거나 다시 확인해야 하는 경우 제대로 활용할 수 있다. 디지털 녹음기를 사용한다면 파일이 들어있는 폴더에 잘 기록해 두어야 한다.

④ 녹음기의 기준 톤

음량의 기준을 어디에 두고 녹음했는지 숙지하고 있어야 하므로 녹음기의 기준 톤은 녹음테이프 맨 앞에 반드시 기록해 두어야 한다. 기준 레벨을 어디에 두고 녹음을 했는지를 알아야 편집실이나 믹싱 작업을 하는 녹음실에서 활용할 수 있다. 이 항목은 현장에서 사용한 녹음기의 소리가 어느 정도 크기로 되어 있는지 알려주는 정보이다. 현장 녹음된 소리를 톤의 기준보다 크게 재생하면 소리가 깨지는 것처럼 들리고, 톤의 기준보다 작게 재생하면 스피커의 볼륨이나 현장에서 녹음된 소리를 키우는 상황이 발생한다. 이 경우 현장 녹음된 소리보다 기계 자체에서 나는 소음이나 테이프 자체에서 나는 소음이 더 크게 들려 녹음한 소리 전체를 쓰지 못하게 되는 결과를 초래할 수도 있다. 기준 톤 덕분에 소리를 조절할 필요 없이 일정한 크기로 받아들일 수 있는 것이다.

⑤ 녹음 날짜

녹음 날짜는 촬영 현장에서 녹음한 날짜를 말한다. 후반 작업에서 특정 신이나 컷, 테이크의 소리가 필요한 경우나 오케이가 난 테이크의 소리가 좋지 않아 다른 테이크의 소리를 찾아야 하는 경우, 언제 녹음했는지를 알아야 원하는 소리를 빨리 찾을 수 있다. 녹음 기록장을 처음부터 살펴보는 수고로움 없이 효율적으로 작업하기 위해서는 반드시 녹음 날짜를 꼼꼼하게 기록해야 한다. 이런 경우 스크립터와 상의해야 한다. 스크립터는 촬영 날짜와 관계없이 신의 순서대로 기록장에 정리해 두기 때문이다. 따라서 현장에서도 일이 끝나면 스크립터와 녹음 기록장의 내용을 맞춰 보는 작업이 꼭 필요하다.

⑥ 녹음 장소

녹음한 장소가 어디인지 기록장의 신만 보고도 알 수 있어야 한다. 그래야 후에 앰비언스 등을 녹음할 때 실내 촬영인지 실외 촬영인지 또는 세트 촬영인지 바로 파악할 수 있다.

⑦ 녹음 시간

녹음한 시간은 그리 중요하지 않지만, 산이나 강가 주변 또는 번화한 거리에서 작업하는 경우는 중요하다. 주변의 소리가 시간에 따라 변하기 때문이다. 가령, 늦은 밤에 산 중턱에서 촬영한다고 치면 적막한 소리나 귀뚜라미 우는 소리 또는 한 번씩 우는 밤새들의 소리만 들리는 것이 정상이다. 하지만 동틀 무렵이 되면 새들이 소란스럽게 지저귀기 시작한다. 도심도 마찬가지다. 밤이나 새벽이라고 조용하리라는 보장이 없다. 도심의 새벽은 날이 밝아오기도 전부터 출근하는 사람들과 도로를 오가는 차량 소리가 존재하는 시간이다. 이런 때를 대비해서 녹음 시간을 적어두고 촬영이 없는 날 그 시간대, 그 장소에서 다시 소리를 녹음하기도 한다.

⑧ 녹음한 신·컷·테이크

한 신 안에 여러 개의 컷(숏)이 존재하며, 좋은 컷을 만들기 위해 오케이 사인이 날 때까지 여러 번 테이크를 가는 경우도 있기 때문에 자세히 기록한다. S#/C#/T#으로 표기한다.

⑨ 비고란

·잡음의 유무

여러 번 테이크를 갔을 때 그중 몇 개의 테이크에는 원치 않는 잡음이 있을 수 있다. 이 경우 기록장에 잡음의 종류와 상황 설명(그 컷에 들어가도 되는 소리인지, 대사와 물렸는지 등)을 세밀하게 적어둘 필요가 있다.

• 배우의 대사 얼버무림과 대사 물림

가 특정 부분에서 발음이 부정확하거나 대사의 전달이 미흡할 경우 또는 두 명의 배우가 대사를 주고받을 때 그 둘의 대사가 겹쳐지는 경우를 기록장에 기록한다. 이 경우 배우의 입이 화면에 나온다면 한 번 더 테이크를 가야 한다.

• 배경음의 녹음

촬영 장소의 공간을 설명하는 소리가 필요할 경우 촬영이 끝난 후 혹은 쉬는 날 녹음을 한 후 기록장에 기록해 둔다.

• 대사만 녹음(Sound Only, SO)

오프(Off) 대사나 화면 밖(Off Screen) 대사를 녹음할 때는 촬영 중일 때 작업하지 않고 촬영 후(한 컷이 오케이 사인이 난 후)에 녹음하고 기록한다. 오케이가 난 컷의 소리에 잡음이 들어갔거나 주변 소음이 클 때도 녹음하고 기록해 둔다.

• 그룹 녹음

군중이 등장하는 장면이나 배경에 군중의 소리가 필요할 때 녹음한다. 필요에 따라서 촬영할 때 녹음한 소리보다 더 많은 소리가 필요한 경우도 생긴다. 이 경우 따로 녹음하고 기록해 둔다.

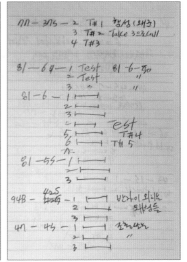

[사진-32] <노량> 기록장의 시작 부분   [사진-33] <노량> 기록장의 중간 부분

위 사진은 <노량: 죽음의 바다>의 기록장이다. 기록장의 시작 부분에는 회차와 날짜, 1킬로헤르츠 발진음을 녹음했다고 적어 놓았다. 이후 신 번호와 컷 번호, 테이크 번호를 촬영 순서대로 기록한다. 기록장의 중간 부분에는 신과 컷에 대사가 있는지 없는지 기록한 것을 확인할 수 있다. 대사가 없으면 룸톤(Roomtone)이라고 기록해 두면 도움이 된다.

5) 믹서

[사진-34] 쿠퍼사운드(CooperSound)의 필드 믹서(Field Mixer)

영화제작 현장에서는 한 대의 마이크를 가지고 별 무리 없이 녹음할 수도 있지만, 녹음 작업을 하다 보면 장르나 감독의 취향에 따라서 여러 대의 마이크를 사용할 수도 있다. 무선 시스템을 사용할 때도 한 채널 이상을 사용할 수 있다. 이런 경우 여러 대의 마이크와 무선 시스템을 제어하는 것이 믹서다. 현장에서 사용하는 믹서는 어깨에 메고 사용할 수 있는 이엔지(ENG, Electronic News Gathering) 카메라용과 사운드 카트(Sound Cart)나 현장 녹음용 테이블 등에 올려놓고 사용하는 필드(Field) 믹서로 나뉜다. 필드 믹서는 사운드 카트나 테이블에 올려놓고 사용하는 믹서이며 이엔지 믹서보다 채널이 많고 기능도 많다. 현재 현장에서 사용하는 녹음기는 트랙의 개수에 맞추어 채널이 형성되어 있어서 따로 믹서를 사용하지 않는다.

믹서의 각 부분은 다음과 같다.

- **게인**(Gain) : 믹서로 들어오는 소리를 증폭시켜 준다.
- **페이더**(Fader) : 게인으로 들어와 증폭된 소리를 세밀하게 조절한다.
- **패드**(Pads) : 소리의 크기를 단계별로 증폭시키거나 감소시켜 준다.
- **마스터 볼륨**(Master Volume) : 녹음기로 보내는 소리의 크기를 조절한다.

6) 무선 시스템(Wireless System)

무선 시스템은 배우의 몸에 장착하는 소형 마이크인 라발리에(Lavaliere)와 송신기인 트랜스미터(Transmitter), 트랜스미터에서 나오는 전파를 수신하여 믹서나 녹음기로 소리의 신호를 보내주는 리시버(Receiver)로 구성되어 있다.

라발리에의 경우 롱 숏에서 배우들이 대화하는 장면이나 주변의 소음 때문에 붐 마이크로 배우들의 대사를 수음하기 어려울 때 주로 사용하며, 발성이 좋지 않은 배우 또는 감정 연기 때문에 대사를 들릴 듯 말듯 연기하는 배우에게도 사용한다. 라발리에를 배우의 몸에 장착할 때는 배우가 입은 의상이나 카메라 앵글 등을 잘 고려해야 한다. 롱 숏의 경우 배우의 몸에 설치한 라발리에가 화면에 잘 보이지 않겠지만 버스트 숏(Bust shot), 클로즈업 숏(Close-up Shot) 등 배우 가까이에서 촬영하면 몸에 장착한 라발리에가 보일 수도 있기 때문이다. 또한 사극의 경우 두꺼운 갑옷에 라발리에의 수음구가 덮이지 않게 주의해서 장착해야 한다. 라발리에를 장착할 때는 많은 경험이 필요하다. 배우의 신체 혹은 의상에 라발리에를 어떻게 잘 감추느냐가 소리를 좌우하기 때문이다. 라발리에 앞부분의 소리를 받아들이는 쪽을 의상이 과도하게 덮어버리면 막힌 소리가 날 수 있다. 라발리에에 부는 바람을 막는 기술도 필요하다. 바람 때문에 대사 녹음을 사용하지 못할 때도 있기 때문이다.

트랜스미터의 경우 배우의 허리띠 뒤쪽에 채워 놓는다. 회사마다 다르지만 트랜스미터의 안테나가 아래쪽에 있는 것도 있고 라발리에와 연결하는 부분인 위쪽에 있는 것도 있다. 라발리에와 트랜스미터는 몸에 숨기는 장비이다 보니 크기가 작다. 라발리에는 기기의 크기도 크기지만 선도 가늘다. 배우가 어떻게 움직이며 연기를 하느냐에 따라서 라발리에 선 또는 안테나에 무리가갈 수 있기 때문에 상황에 따라 위치를 바꾸어 줄 필요가 있다.

7) 헤드폰

헤드폰은 주위 소음을 잘 막을 수 있도록 귀 전체를 덮는 것을 사용하는 것이 좋다. 붐 맨과 감독, 스크립터용으로 쓰기 편한 것을 선택해 사용한다.

8) 케이블

사용 용도에 따라서 듀플렉스(duplex) 케이블과 싱글(single) 케이블이 있다. 듀플렉스 케이블은 녹음기사와 붐 맨의 소통을 돕는다. 자신이 사용하는 믹서의 토크백(talkback) 마이크를 이용하여 붐 맨에게 말을 할 수 있다. 그 말은 녹음이 되거나 모니터에는 들리지 않고 붐 맨에게만 들린다. 붐 맨이 꼭 해야 할 말이 있으면 카메라의 위치를 옮기거나 조명을 바꿀 때 붐 마이크를 입가까이 두고 조용히 말한다. 이때 감독이 헤드폰을 착용하고 있을 수 있으니 가급적이면 필요한 말 외는 삼가는 것이 좋다.

9) 피시 폴과 붐

피시 폴은 카메라와 거리를 두고 대사를 하는 배우의 머리 위에 마이크를 위치시키기 위한 장비이다. 보통 알루미늄으로 된 긴 것(접었을 때 1미터 50센티미터, 폈을 때 4미터) 2개와 카본 소재로 된 중간 길이의 것(접었을 때 60센티미터, 폈을 때 1미터 80센티미터) 1개를 가지고 다닌다.

10) 사운드 카트

영화제작 현장에서 사운드 카트가 없어도 녹음하는 데는 크게 지장이 없지만, 사운드 카트가 있으면 녹음기나 믹서 등 장비를 안전하게 올려놓고 일할 수 있으며, 붐 걸이가 있어서 붐 마이크 등도 안전하게 걸어둘 수 있다. 바퀴가 달려 작업 현장에서 편리하게 이동할 수 있는 장점이 있다.

4. 음성 녹음의 기술

1) 얼굴에서 음파가 나오는 곳

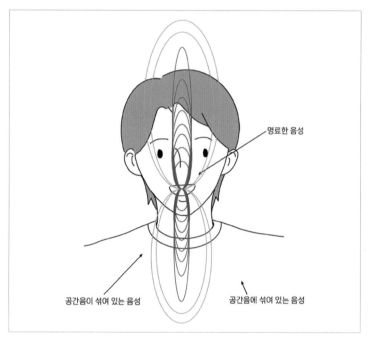

명료한 음성

공간음이 섞여 있는 음성

공간음에 섞여 있는 음성

[그림-18] 정면에서 바라본 음파의 출력 형상

인간의 얼굴 안에는 몇 개의 동굴이 존재한다. 코는 하나의 구조물에 두 개의 구멍이 존재한다. 이 구멍을 콧구멍이라고 한다. 콧구멍 안쪽으로 콧속과 코 양옆 그리고 코 바로 위 이마에 굴이 위치한다. 이 굴에서 공명이 만들어지고 입과 콧구멍에서 음성의 파형이 나온다.

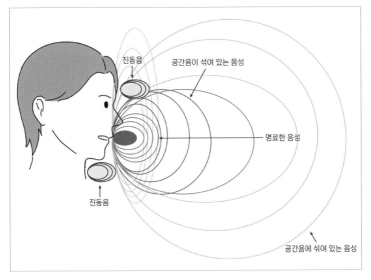

[그림-19] 측면에서 바라본 음파의 출력 형상

　얼굴 안의 굴이 위치한 부위에 핀 마이크를 위치시켜 확인한 결과 입과 코에서는 고음, 중음, 저음이 고르게 섞여 있는 명료한 음성의 음파가 출력되고 이마에서는 고음과 중음의 진동이 나오며 목에서는 저음의 진동만 나온다. 이마와 코, 입, 목에서 음파가 출력되기 때문에 음파는 입과 코를 중심으로 이마와 목으로 타원형을 형성하며 퍼져나간다.

　우리나라 언어의 특성상 양쪽 콧구멍을 막으면 발음이 되지 않는 단어들이 무수히 많이 존재한다. 특히 'ㄴ'과 'ㅇ'이 받침으로 쓰이는 단어가 그렇다. 그만큼 코를 이용해 발음하는 단어들이 많은 것이다. 반면 영어에는 코를 이용한 단어보다는 목과 입으로 발음해야 하는 단어들이 많다.

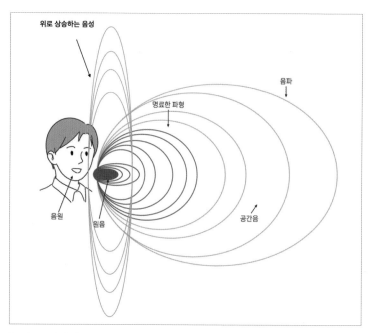

[그림-20] 입의 앞쪽으로 음파가 퍼져나가는 형상

　입은 소리가 시작된 곳으로 음원에 해당한다. 입 앞은 공기 중에 퍼져나가기 직전의 소리에 해당한다. 명료한 파형은 공기 중으로 퍼지기 시작하는 시점으로 볼 수 있다. 그림에서 빨간색으로 표시된 곳이 음파와 공기가 50 대 50의 비율로 이루어져 있어서 명료한 음성을 수음할 수 있는 부분이다. 노란색으로 표시한 것은 공간에 퍼져 있는 음성의 파형들이다. 보통 웅성웅성하는 소리로 들린다.

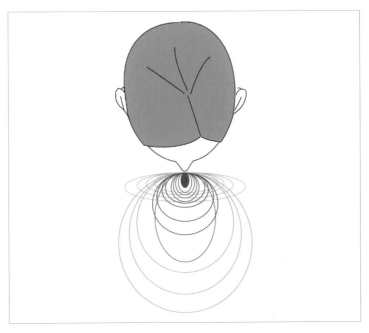

[그림-21] 위에서 내려다봤을 때 음파가 퍼져나가는 형상

　위의 그림은 입을 중심으로 코와 코 양옆, 코 바로 위에서 음파가 출력되어 퍼져나가는 것을 형상화한 것이다. 바깥쪽에 있는 파형은 장소의 공간에 따라 다르게 작동하는데, 구조물에 반사되어 들리기도 하고, 구조물이 없는 곳에서는 소멸 전까지 퍼져나가기도 한다.

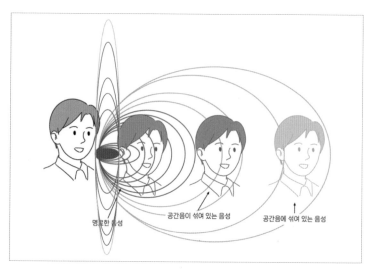

[그림-22] 거리에 따라 들리는 음성의 종류

소리가 시작된 곳에는 음원의 파동이 존재한다. 붐 맨이나 녹음기사는 출력되는 파형과 거리에 따라 변화되는 소리를 직시하는 눈을 가지고 있어야 한다. 아래 그림들은 거리에 따른 음성의 종류를 좀 더 상세하게 설명한 것으로 빨강, 파랑, 노랑으로 구분했다.

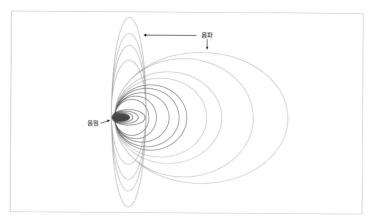

[그림-23] 음원에서 공간으로 퍼져나가는 소리의 파형

상하로 퍼져나가는 음성의 파형

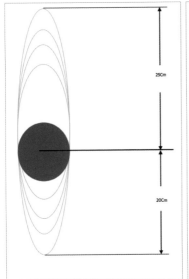

[그림-24] 상하로 퍼져나가는 음성의 파형
: 측면

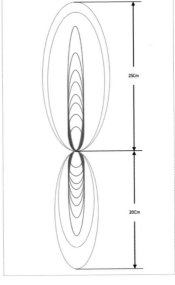

[그림-25] 상하로 퍼져나가는 음성의 파형
: 정면

　말하는 소리는 입과 콧구멍에서 뿜어져 나오고 목과 이마에서도 어느 정도 울림이 퍼져 나온다. 입은 발음을 위한 일종의 도구로서 음파를 내뿜는 역할을 한다. 코와 이마도 어느 정도 음파를 내뿜는 역할을 한다. 이 음파들이 음성을 위로 상승하게 만드는 역할을 한다. 성인의 입에서 머리까지의 길이가 평균 15센티미터에서 17센티미터인데 음파가 상승하는 길이가 25센티미터이다. 따라서 머리 위가 음원의 명확한 소리를 수음할 수 있는 위치가 되는 것이다.

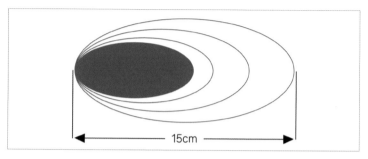

[그림-26] 음원이 최초로 생겨난 곳을 형상화한 모습으로 반경 15센티미터 내에서는 음원의 본
질적인 성격이 살아 있다. 이 소리는 귀에 입을 대고 말하는 듯한 느낌을 받는다. 작게
속삭이는 혼잣말이나 중얼거림, 속삭임 등의 음성은 15센티미터 이상으로는 퍼져나
가지 않는다.

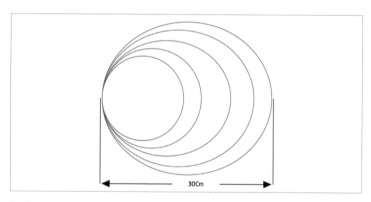

[그림-27] 공간으로 퍼져나가는 음원의 파형을 형상화한 모습. 음원이 생겨난 곳으로부터 30센
티미터 내에 존재하는 소리는 음파의 압력이 분산되기 전의 안정된 음원이다. 이 소리
는 공간의 영향을 받아 공간의 정보를 제공한다.

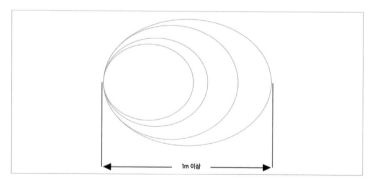

[그림-28] 공간에 퍼져 있는 파형. 이곳에서는 최초의 음원이 가지는 파형의 압력이 공기 중에
퍼지기 때문에 명료함을 찾기 힘들다. 소리를 지르거나 언성을 높여 대화할 때는 이
부분의 음파를 녹음하면 된다.

2) 현장 설명으로 보는 마이크의 위치

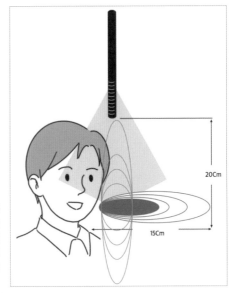

[그림-29] 가장 안정적이고 좋은 상태의 음원을 수음할 수 있는 마이크의 위치는 입 앞 15센티미터 이내, 입 위 20센티미터 이내이다.

[사진-35] 월악산 마패봉에서 진행한 <불꽃처럼 나비처럼>(김용균, 2009)의 촬영 장면. 두 주인공의 호흡과 음성을 수음하기 위해 카메라 뒤에서 배우의 얼굴 방향으로 마이크를 지향하고 있다.

현장에서는 예상하지 못한 다양한 상황이 펼쳐진다. 현장의 여건에 따라 장비를 간소화해야 하는 경우가 있다. 장비 이동이 어려운 산에서 촬영할 때는 녹음기사 홀로 녹음기와 마이크를 들고 카메라를 따라다니며 작업해야 한다. 위의 사진이 그런 경우이다. 당시 이슬비가 내리고 있었기 때문에, 배우들의 호흡과 발소리에, 나무에서 고여 있던 빗방울 떨어지는 소리가 추가로 들렸다. 날씨 탓인지 등산하는 사람들도 별로 없어서 주변이 조용했다. 고지대이고 대기도 안정되어 있어서 속삭이는 음성마저도 귀 가까이에서 말하는 듯한 느낌을 받았다. 음원의 파형이 압력을 받지 않고 퍼지는 느낌이었으며, 배우들의 작은 호흡을 수음하기에 어려움이 없었다. 사용한 마이크는 45도의 수음 각을 가진 82i였다. 나뭇잎에 고여 있는 빗방울이 떨어져 녹음에 방해가 될 수 있기에 재머를 입혔다.

[사진-36] 〈대립군〉(정윤철, 2017) 촬영 당시 배우의 명치(사람 몸에 있는 급소의 하나로, 가슴뼈 아래 한가운데의 우묵하게 들어간 곳) 부분에서 입 쪽으로 마이크를 지향하는 모습

마이크의 기본 위치는 위에서 아래를 지향하지만, 현장의 여건에 따라 위치를 바꿀 때도 있다. 화면의 크기에 따라 클로즈업 숏에서는 턱 아래까지, 미디엄 숏(Medium Shot)에서는 배꼽 위치까

지 올리고 내리면서 위치를 조절하면 된다. 단 배우와 부딪치지 않게 주의해야 한다. 잡음이 발생하기 때문이기도 하지만 배우의 연기를 방해하게 되면 무의식적으로 방해가 되는 곳을 쳐다보게 되고 엔지(NG)로 이어질 수 있기 때문이다. 위의 장면을 촬영한 강원도 정선은 산세가 깊어 풀이며 강의 물줄기 소리도 강하게 느껴지는 곳이다. 배우들의 움직임이 조금씩 있어 풀 밟는 소리와 자갈 소리가 음성을 방해할 수 있는 여건이었다. 하지만 마이크를 아래에서 위를 향하도록 두었기 때문에 오히려 땅에서 발생하는 소음을 줄일 수 있었다. 배우의 머리 위에 마이크를 위치시키면 배우의 얼굴에 그림자가 생기기 때문에 아래에서 위로 위치시켜 음성을 수음했는데, 배우의 몸이 방음 막 역할을 해서 주변의 강에서 들려오는 물소리를 막을 수 있었다.

[사진-37] <불꽃처럼 나비처럼> 현장에서 말을 타고 이동하는 장면을 트럭 위에서 촬영하는 모습으로 배우의 호흡과 대사를 녹음하기 위해 준비하고 있다.

현장 녹음의 사용 여부는 불필요한 소리의 차단 여부에 의해 결정된다. 사극의 경우 현대의 소리가 들어가면 사용하지 못한다. 현대의 소리란 자동차, 오토바이, 비행기, 휴대전화 벨 소리나 진동음 등이 해당한다.

위의 사진 상황을 설명하면, 배우가 쓰고 있는 삿갓 때문에 머리 위에서 마이크를 위치시키기에는 어려움이 따랐고, 배우가 고개를 숙이고 있었기 때문에 마이크를 아래쪽에서 입 방향으로 지향하는 게 도움이 되었다. 트럭의 엔진이 있는 부분에는 촬영감독과 조수, 연출팀이 자리를 잡고 있어서 엔진음을 막아주는 방음 막 역할을 했다. 이런 경우 녹음기사의 몸 자체가 방음 막이 될 수도 있다.

[사진-38] 광양 중마 일반 부두 옆에 지어진 <명량>(김한민, 2014) 해전 세트장의 판옥선 전경

장소의 규모나 장면의 성격에 따라 현장에서 녹음한 소리를 사용할 수 있을지 후반 작업에서 전부 대사 녹음을 해야 할지를 우려하는 목소리는 어느 현장에나 있기 마련이다. 위험한 작업의 경우 시도해 보기도 전에 지레 자포자기하려는 마음이 생기는 것이다. 하지만 마이크가 있어야 할 곳은 언제나 배우와 가까운 곳

이어야만 한다. 카메라의 화각에 들어온 배우에게 마이크를 지향해야만 하는 것이다. 붐 마이크의 기본 위치는 머리 위이지만 때에 따라서 응용할 수 있는 요령을 가지고 있어야 한다. <명량>의 해전 신을 촬영할 때 판옥선 갑판 위의 바람은 영화의 완성도를 결정하는 중요한 요소였다. 사방이 초록색의 벽으로 둘러싸인 판옥선이 방향을 바꾸거나 이동할 때 깃발과 수염, 투구의 장신구조차도 흩날려야 했다. 바람 효과를 내기 위해 대형 강풍기와 작은 강풍기를 이용해 바람을 만들어냈다. 대형 강풍기는 커다란 깃발을 펄럭이게 하고, 작은 강풍기는 배우들 얼굴에 분장한 수염과 투구에 달린 장신구에 바람 효과를 주었다. 이때 강풍기의 소리 때문에 현장 녹음에 어려움이 있었는데, 배의 난간이 방음막 역할을 해 주었다.

[사진-39] <명량> 해전 세트장의 판옥선 갑판 바닥에 자리를 잡고 마이크를 지향하는 모습. 조명과 햇빛에 눈이 부셔 얼굴을 찡그리고 있다.

마이크는 종류에 따라서 사용하는 용도가 정해져 있다. 서로 다른 마이크를 사용하는 이유는 배우의 어조가 다르기 때문이다. [사진-39]에 보이는 왼쪽 마이크는 수음각이 45도인 82i이다. 지휘하는 어조의 대사를 하는 배우의 음성을 수음하기 위해 마이크를 입 쪽으로 지향하고 있다. 판옥선 갑판 공간이 협소해서 마이크 두 대를 동시에 지향한 것이다. 오른쪽으로는 크게 외치는 배우의 음성을 수음하기 위해 수음각이 90도인 416 마이크를 지향하고 있다. 크게 외치는 음성의 경우 82i 마이크를 지향하게 되면 찢어지는 소리가 녹음되기 때문에 416 마이크를 사용해야 한다.

[사진-40] <좋은 친구들>(이도윤, 2014)의 부산 만덕동 촬영 현장. 평상에 앉은 연출팀(사진 맨 좌측)이 주인공들의 위치를 확인하고 있고, 저자는 창문 반사를 확인하기 위해 붐을 들고 있다.

[사진-40]에서 '붐 맨의 기본자세'를 취하고 마이크를 지향하는 모습을 확인해 볼 수 있다. 왼쪽의 승용차 앞에 보이는 카메라는 사진에서는 보이지 않는 배우들의 측면 숏을 촬영하고 있다. 오른쪽 아래로 보이는 레일의 이동차에 올려진 사진 밖의 카메라는 정면 숏을 촬영하고 있다. 두 가지의 화면을 한 번에 촬영한 것이다. 이렇게 하는 이유는 컷을 나누어 촬영하게 되면 연기의 흐름이 끊기면서 자연스러운 연기의 맥도 끊어지기 때문이다. 배우들은 서로 쳐다보며 대화하기 때문에 가운데 위치한 배우에게 마이크를 지향했다. 이 장면에서는 멀리 있는 도로의 자동차 소음이 백색 소음처럼 들렸을 뿐, 대사를 방해하는 큰 소음은 주위에 없었다.

[사진-41] <악의 연대기>(백운학, 2015) 촬영 모습. 배우들 가운데 붐 마이크를 지향하고 감독의 "액션" 신호를 기다리고 있다.

위의 사진에서는 두 배우의 음성을 수음하기 위해 헤드폰을 착용하고 붐을 이용해 416 마이크를 가운데 위치시키고 있다. 배경으로 보이는 창으로 붐 맨과 붐이 희미하게 비쳐 움직임을 최소화해야 하는 환경이었다. 마이크는 천장에 있는 조명 뒤에서 아래쪽으로 방향을 주었다. 이와 같은 실내 장면에서는 테이블에 반향(反響)된 음성이 같이 들리지만, 실제 영상에서도 테이블이 등장하므로 현장의 분위기와 어울릴 수 있다. 영상에 등장하는 구조물은 녹음하는 데도 도움이 될 수 있다. 이 소리를 그대로 사용한다면 극장의 커다란 스피커가 반향된 소리도 함께 들려주기 때문에 현장감은 더욱 살아난다.

이 사진은 <악의 연대기>에서 심각하게 대화를 나누는 장면의 촬영 현장을 담아냈다. 사장(손종범)은 비교적 평범한 음성으로, 최 반장(손현주)은 무거운 음성으로 대화하는 장면이다. 이 장면이 완성되고 최 반장의 오버 더 숄더 숏(Over the Shoulder Shot)과 버스트 숏이 촬영되었다. 이 숏에서는 마이크를 배우에게 더 가까이 위치시켜 녹음을 진행했다. 마이크 방향은 변함없이 위에서 아래로 지향하고 배우에게 다가갔다. 장소는 고층에 있는 사무실이고 방음이 잘 되어 있어서 밖의 소음이 차단이 잘 되었다. 하지만 건물 자체에 작동하는 난방기가 문제였다. 비록 소음은 크지 않았지만, 혹시나 하는 마음에 차단해 달라고 했다. 경험상 현장은 어떻게 변할지 모르기 때문이다.

[사진-42] <롱 리브 더 킹>(강윤성, 2019) 촬영 현장에서 배우 쪽으로 마이크를 지향하고 따라가면서 녹음하는 모습

　화면에 표현되는 소리가 어떤 경우에는 방해 요소가 될 수 있다. 배우의 발소리나 같이 움직여야 하는 제작진의 발소리가 대표적이다. 물론 여기에는 붐 맨의 발소리도 포함된다. 이 경우 마이크의 방향을 바꾸어 이런 소리가 최소한으로 들어가게 해야 한다. 위의 사진은 전화하며 걸어오는 배우를 카메라가 같이 이동하며 촬영하는 모습이다. 마이크는 아래에서 입 쪽으로 방향을 주고 같이 이동했다. 배경에 보이는 배의 난간이 주변에서 필요 없는 음파들을 막아주는 역할을 했기 때문에 배우의 음성을 수음하는 데 도움이 되었다. 이런 경우 배우의 걷는 속도에 맞추어 걸어야 배우의 발소리에 나의 발소리가 묻힐 수 있다. 얼핏 보면 조용해 보이는 공간임에도 불구하고 이 장면의 녹음은 쉽지 않았다. 사방에 있는 가로등 때문에 배우의 머리 위에 위치시킨 붐의 그림자가 수없이 많이 생겼고, 바닥이 모래이기 때문에 걸을 때

마다 생기는 마찰음이 음성을 수음하는 데 방해했다. 이런 경우 제작진의 발소리도 크게 들리기 때문에 수음은 더욱 어려울 수밖에 없다.

[사진-43] <한산: 용의 출현>(김한민, 2022) 촬영 당시 라발리에를 갑옷 위에 장착한 모습

[사진-44] <한산: 용의 출현> 촬영에서 라발리에가 수염에 가려진 모습

무선을 사용해서 배우의 음성을 녹음할 때는 라발리에를 몸이나 옷에 장착해야 한다. 라발리에는 붐 마이크가 다가가기 힘든 상황이나 멀리 떨어져 있는 배우의 음성을 수음하기 위해 사용한다. 현장이 시끄러운 곳에서 배우의 음성만 수음할 때도 사용한다. 라발리에를 장착하기 위해서는 많은 경험을 쌓아야 한다. 착용을 잘못하게 되면 옷 스치는 소리가 많이 들리고, 너무 잘 감추어도 둔탁한 음성이 들린다. 때문에 가급적이면 라발리에의 입구를 배우의 입을 향해 막힘 없이 장착해야 한다. 위의 사진에서 보이는 배우의 수염은 마이크에 영향을 주는 바람을 막아주고 화면에 보이지 않게 가려 주는 역할을 한다.

3) 화면의 분류와 마이크의 위치

(1) 시퀀스(Sequence)와 신(Scene)

- 시퀀스

여러 개의 신으로 구성되기도 하지만 한 개의 신만으로 이루어진 시퀀스도 있다. 시퀀스에서는 장소의 변화도 유의해야 하지만 배우의 호흡을 연결해야 하는 경우도 생기기 때문에 배우가 내는 소리에도 주의를 기울여야 한다.

- 신

같은 장소나 시간 안에서는 주변 소음의 변화에 주의해서 녹음해야 한다. 배우의 감정이나 톤, 어조나 말투, 음성의 높낮이를 가리키는 피치(Pitch) 등도 신경을 써야 하는 부분이다.

(2) 숏의 종류와 소리의 성격

- 숏

숏은 여러 종류로 나뉜다. 인체를 기준으로 보면 전체적인 분위기나 상황을 보여주는 풀 숏(Full Shot)과 롱 숏, 인물의 행위를 기준으로 보면 니 숏(Knee Shot)과 미디엄 숏 그리고 웨이스트 숏(Waist Shot)으로 나눌 수 있다. 다음으로 행위에 대한 배우의 감정을 보여주는 버스트 숏, 주고받는 대화를 표현한 오버더 숄더 숏, 감정의 변화를 보여주는 클로즈업 숏이 있다. 물론 롱 숏이나 클로즈업 숏은 앞에 '익스트림(extreme)'을 붙여 극단적으로 표현할 때도 있다. 몇 명의 인물이 나오는지에 따라 원 숏(One Shot), 투 숏(Two Shot), 쓰리 숏(Three Shot) 등으로 나눈다. 쓰리 숏 이상일 때는 그룹 숏(Group Shot)으로 부른다. 배우의 등장 여부나 대사의 여부에 따라 대사, 소음, 효과음 중 어디에 기준을 두고 녹음할지 결정하는 데 도움을 주는 것이 숏이다. 또한 대사가 있는 배우에게 마이크를 위치시킬 수 있는 거리를 결정하는 기준이 되기도 한다. 또한 어떤 공간에 마이크를 숨겨 필요한 소리를 수음할지 정보를 제공하기도 한다.

- 롱 숏

인물이 위치한 배경을 보여주는 숏이다. 익스트림 롱 숏이나 롱 숏은 화면의 구도를 통해 감독이 표현하는 의미를 전달하기 때문에 출연하는 인물의 소리보다는 화면 안에서 벌어지는 사건의 소리나 공간을 나타내는 소리가 중요하다.

- 풀 숏

전체 느낌을 보기 위한 장면이기 때문에 풀 숏으로 한 신이 끝날 때도 있다. 출연하는 인물 전체와 그 인물들이 있는 공간 전체를 보여주기도 하고, 영화의 장르나 감독의 취향에 따라 대사를 활용하기도 한다. 따라서 대사의 사용 여부를 감독과 상의하는 것이 가장 중요하다. 대사를 사용한다면 무선 시스템의 라발리에를 이용하든 배우들이 있는 곳에 마이크를 숨겨 놓든 대사를 전달할 수 있는 최적의 방법을 찾아야 한다. 숏이 오케이 사인을 받으면 그 자리에서 대사만 녹음(SO)해도 된다. 그러므로 대화하는 장면인지 여러 사람이 웅성거리는 장면인지 반드시 확인해야 한다.

- 니 숏, 웨이스트 숏

무릎 위 또는 허리 위부터 머리까지 나오는 장면이다. 풀 숏에서 전체적인 느낌을 보여줬다면, 니 숏이나 웨이스트 숏은 그 안에서 누가 무엇을 하고 있는지, 어떤 대사나 대화를 하고 있는지를 보여주기 때문에 배우가 하는 대사를 전달할 수 있게 녹음해야 한다. 따라서 니 숏과 웨이스트 숏을 촬영할 때는 대사를 하는 인물의 머리 윗부분에 마이크를 위치시킬 수 있다. 이때 헤드폰으로 주변 소음과 인물의 대사 소리가 들린다.

- 버스트 숏, 오버 더 숄더 숏

가슴부터 머리까지 나오는 장면으로 버스트 숏, 어깨 너머로 상대역이 보이는 오버 더 숄더 숏이 있다. 이 숏에서는 대사나 대화가 무엇보다 중요한데, 배우의 음성이 공간의 영향을 받아 공간의 정보가 섞이는 경우도 있다.

- 클로즈업 숏

쇄골이나 목부터 이마 부분까지 나오는 장면이며, 배우의 감정을 표현할 때 사용하는 숏이다. 헤드폰을 통해 인물의 호흡까지 들을 수 있는 정도가 되어야 인물의 감정을 소리로 전달할 수 있다.

- 인원수에 따른 숏의 종류

* 원 숏: 카메라가 한 인물만을 보여주는 장면이다. 화면에 등장하는 배우의 음성만 들리면 되지만 상대 배우가 대사를 할 때는 같이 녹음할 때도 있다.

* 투 숏: 카메라가 두 인물을 보여주는 숏이다. 두 사람이 나란히 앉아 있거나, 서로 마주 보고 앉아 있거나, 서 있는 장면을 찍을 때 활용한다. 니 숏, 웨이스트 숏, 풀 숏에서 사용되며, 어깨 너머로 상대방이 보이는 오버 더 숄더 숏이 있다. 등

이나 어깨너머로 보이는 인물의 대사만 들리면 되지만, 두 인물의 대사를 모두 들려주어야 할 때도 있다. 오버 더 숄더 숏의 경우 버스트 숏과 웨이스트 숏을 주로 사용한다.

* **쓰리 숏**: 카메라가 세 명의 배우를 보여주는 숏이다. 버스트 숏 이상의 숏에서 많이 사용하며, 한 인물의 대사만 들리는 게 아닌, 세 명의 대사가 고르게 들려야 한다. 대사를 한 인물만 한다면 그 인물의 대사만 들려도 되지만, 나머지 두 인물의 움직임이나 호흡에도 신경을 써서 녹음해야 한다.

- **포인트 오브 뷰 숏**(Point of View Shot)
카메라가 인물의 눈이 되어 인물의 시선을 보여주는 숏이다. 인물의 눈이 주시하고 있는 장면에 대한 소리를 녹음하면 된다.

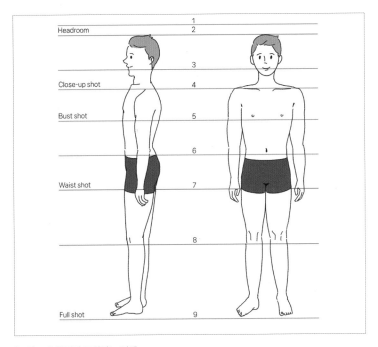

[그림-30] 화면에 표현되는 인체

오버 헤드 테크닉(Over Head Technic)이란 붐을 들고 있는 사람의 시선으로 배우의 이마 위에서 음성이 나오는 입 쪽으로 마이크를 지향하는 기술이고, 화면으로 봤을 때는 화면의 보이지 않는 윗부분까지 마이크를 위치시키는 기술이다.

1, 2번에 해당하는 헤드룸은 화면에 보이는 배우 머리 위의 빈 곳으로, 마이크를 화면에 노출하지 않으면서 이마 위에 위치시킬 수 있는 공간이다. 2번과 3, 4번은 얼굴 위주의 클로즈업 숏에 해당한다. 2번과 5, 6번은 머리부터 가슴이나 명치까지 나오는 버스트 숏, 오버 더 숄더 숏에 해당한다. 1번과 7, 8번은 골반이나 배꼽부터, 머리 위로는 머리 크기의 공간이 보이는 웨이스트 숏

에 해당한다. 웨이스트 숏부터는 1번의 헤드룸이 차지하는 공간이 많이 생기기 때문에 머리 크기만큼의 공간을 두고 마이크를 위치시켜야 한다. 이상의 숏들은 머리 위의 1번과 2번 사이에 마이크를 위치시킬 수 있다. 마이크를 위에서 아래로 향하게 하는 이유는 소리가 아래에서 위로 상승하기 때문이고, 배우의 몸에서 생기는 소리만 수음하기 위해서다. 이렇게 해야 촬영하는 장소의 앰비언스를 일정하게 녹음할 수 있고, 헤드룸의 공간이 변하더라도 앰비언스와 배우의 대사를 안정적으로 녹음할 수 있다. 단점은 조명이나 자연광(햇빛)으로 인한 그림자가 배우의 머리나 이마에 생길 수 있다는 것이다.

이처럼 위치를 숙지하고 있더라도 현장에서는 예상하지 못한 여러 가지 상황이 발생할 수 있다. 대사를 하면서 고개를 숙이면 대사가 갑자기 작게 들리거나 거리감이 생기며 대사의 청명함이 없어질 수 있다. 걸어가면서 대사를 하면 발소리가 대사를 방해할 수 있다. 예를 들어 하이힐을 신고 대리석 바닥을 걷는다고 치면 '또각또각'하는 발소리가 대사 녹음에 지장을 줄 수 있다. 일상에서처럼 배우들은 무의식적으로 고개를 숙이는 경향이 있다. 그래서 현장에서의 경험이 중요하다. 경험이 많은 배우들은 관객에게 얼굴을 보이고 대사를 하고, 경험이 없는 배우는 관객이 어디에 있는지조차 알지 못할 때도 있다. 현장에서 어떻게 관객을 찾아야 할까? 바로 카메라 렌즈가 관객이다. 방송국에서 제작하는 드라마는 대사 녹음을 하지 않는다. 시간의 제약을 받기 때문에 하지 못하는 것에 가깝다. 드라마 현장 녹음의 경우 대사의 전달도 중요하지만 일정하게 앰비언스를 녹음해야 하기에 마이크는 무조건 위에서 아래를 향하게 해야 한다. 그래야 앰비언스를 일정하게 맞출 수가 있다. 마이크의 방향이 바뀌다 보면 앰비언스가 들쭉날쭉한 상태가 된다. 영화제작 현장 녹음의 매력은 무엇일까? 아날로그 장비를 쓰던 시절의 매력은 화면과의 동기화였다. 영상과 소리가 일치하는 것 자체를 현장 녹음의 자부심으로 생각한 것이다. 디지털 장비로 바뀐 지금은 영상과 소리의 동기화는 그리 큰 문제가 아니다. 디지털 시대의 매력은 무엇일까? 그것은 관객의 귀를 한 층 더 충족시킬 수 있다는 점이다. 장비의 발전으로 관객의 귀에 입을 대고 속삭이는 듯한 소리뿐만 아니라 현장의 감동까지 전달 할 수 있게 되었다. 따라서 현장에서 녹음한 배우의 대사만이 아니라 호흡마저도 관객에게 전달해야 하고, 숏의 변화에 따른 대사의 거리감도 있어야 한다. 숏이 변화하는데도 소리의 거리감이나 공간감이 없다면 그 영화의 소리는 평범하고 지루하게 느껴진다. 그리고 숏이 바뀌어도 대사나 호흡의 청명함과 전달력이 살아 있어야 한다. 거리감에 따른 공간의 울림과 더불어 배우의 살아있는 대사나 호흡은 영상이 가지는 한계를 넘어서게 해 준다.

(3) 숏의 종류에 따른 마이크의 위치

- 클로즈업 숏

　다음은 클로즈업 숏을 찍을 때 붐을 이용해 배우의 머리 위로 마이크를 위치시키는 모습이다.

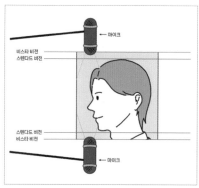
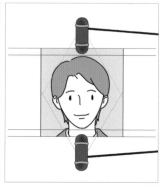

[그림-31] 클로즈업 숏 측면 　　　　　[그림-32] 클로즈업 숏 정면

　얼굴 측면과 정면을 촬영할 때 모니터로 보이는 화면을 그림으로 표현한 것이다. 얼굴의 위아래에 있는 빨간색 선은 비스타비전(Vista Vision) 사이즈(모니터로 보이는 전체 화면) 안에 스탠더드 사이즈(사용할 화면)의 경계를 나타낸다. 따라서 스탠더드 사이즈 선 안으로 마이크가 침범하지 않게 위치시켜야 한다. 마이크를 위에서 아래로 위치시키면 별 무리 없이 대사를 받아들일 수 있다. 하지만 조명이나 햇빛으로 인한 마이크 그림자가 배우의 머리에 생길 수 있다. 마이크를 아래에서 위로 위치시키면 입 아래에 마이크가 있으므로 입에서 나오는 소리와 코로 숨을 쉴 때 나는 소리까지 녹음할 수 있다. 또한 이 위치에서는 현장 주변의 소음을 배우의 몸으로 막아주는 효과도 있다.

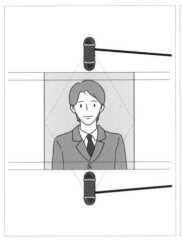

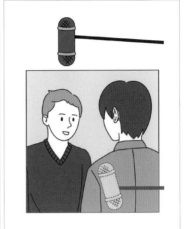

[그림-33] 버스트 숏 정면　　　　　　　[그림-34] 오버 더 숄더 숏

　버스트 숏과 오버 더 숄더 숏에서는 머리 위로 헤드룸의 공간
이 생긴다. 붐 마이크를 위치시킬 때 마이크의 끝부분과 배우 머
리 사이에 주먹 하나 정도가 들어갈 공간을 주면 된다. 카메라가
이동하거나 카메라를 들고 촬영하는 핸드헬드(Handheld) 숏에서
도 항상 주먹 하나의 여유 공간을 준다면 화면에 마이크를 노출
하지 않고 안전하게 배우의 대사를 수음할 수 있다. 이때 마이크
를 아래에서 위로 위치시킬 경우는 배우의 명치에 마이크의 앞부
분이 오게 해서 입 쪽으로 방향을 맞추면 된다. 오버 더 숄더 숏
에서는 등이 보이는 배우의 몸에 가려질 수 있어서 입 방향으로
마이크가 더 들어갈 수 있다. 이 숏들을 촬영할 때 주의할 사항은
배우의 팔 동작을 고려해야 한다는 점이다. 배우가 마이크를 건
드리는 상황이 생기면 연기에 지장을 줄 수 있기 때문이다.

[그림-35] 웨이스트 숏 중 투 숏

[그림-36] 웨이스트 숏 정면

웨이스트 숏을 촬영할 때는 허리나 가랑이 부분을 기준으로 머리 위에 머리 하나 크기의 공간을 두면 된다. 이때 대사의 수음은 가능하나 주변의 소음이 심하면 대사 전달에 지장을 줄 수 있다. 두 사람 이상이 대화하는 장면일 경우 허벅지 쪽에서 입 방향으로 마이크를 위치시키면 배우의 몸이 주변 소음을 막아주는 역할을 한다.

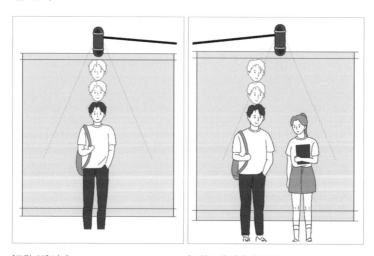

[그림-37] 니 숏

[그림-38] 니 숏 중 투 숏

니 숏을 촬영할 때는 무릎을 기준으로 머리 위에 머리 두 개가 들어갈 정도의 공간이 생긴다. 이 숏에서는 머리 위에 마이크를 두었을 때 청명한 대사를 수음할 수 없지만 어떤 대사를 했는지 전달은 할 수 있다. 주변 소음이 심하면 대사를 사용하지 못할 때도 있다.

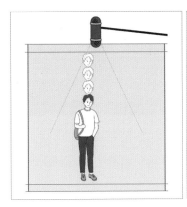

[그림-39] 풀 숏

[그림-40] 풀 숏 중 그룹 숏

배우가 어떤 장소에서 무엇을 하는지 보여주는 것이 풀 숏이다. 이 숏에서는 인물의 키 크기만 한 공간이 인물의 머리 위로 보인다. 풀 숏은 장소에 대한 정보와 배우의 연기 동선을 보여주며 앞으로 전개될 숏의 분위기도 알려준다. 배우들의 연기 동선을 정하기 위해 신 전체를 촬영하지만 대사 부분은 사용하지 않을 때도 많다. 만약 배우들이 분위기를 전달하는 소리를 낸다면 마이크를 지향해 담아내면 된다. 대사가 있는 신의 경우 마이크를 배우들 위로 위치시켜도 되지만 이때는 붐을 최대한 길게 뽑아서 들어야 한다. 대사가 없을 때는 배우들 쪽으로 방향만 주어도 된다. 단 배우가 카메라 앞으로 다가오게 되면 다가오는 소리를 신경 써야 하고, 배우가 다가오면서 대사를 하는 경우는 대사를 사용할 수 있게 녹음해야 한다.

[사진-45] 토함산 정상에서 <대립군>을 촬영하는 모습. 배우들에게 마이크를 지향하고 있다.

현장에서는 숏의 종류에 따라 마이크의 위치를 결정해야 한다. 전체 인물의 동선을 보여주는 장면에서 배우의 대사는 큰 의미가 없다. 배우의 대사는 얼굴이 나오는 장면부터 신경 써서 녹음하면 된다. 위 사진을 보면 <대립군>에 등장하는 배우 전체가 나오는 장면을 촬영하기 때문에 저자가 화면 앞부분에서 배우들 쪽으로 마이크를 지향하고 있는 모습을 확인할 수 있다. 이 장면은 산 정상에서 촬영했기 때문에 주변이 조용했고 배우들의 웅성거리는 소리조차도 수음이 잘 되었다. 부감 숏(High Angle Shot)의 촬영이 끝난 후에 배우의 대사는 버스트 숏과 미디엄 숏으로 촬영을 했다.

[사진-46] 토함산에서 〈대립군〉을 촬영하는 모습. 이동하는 배우들의 발소리를 녹음하기 위해 마이크를 배우들 아래쪽으로 지향하고 있다.

때에 따라서 화면의 앞에 등장하는 소리가 중요할 수 있다. 위의 장면이 그런 경우인데, 이 장면은 대사가 있는 장면이지만 화면상 대사를 하는 배우들이 이동하는 줄의 맨 뒷부분에 위치하기 때문에 화면 앞에서 들리는 말발굽 소리와 병사들의 발소리 쪽으로 마이크를 지향한 것이다.

4) 붐 맨의 자세

붐은 화면에 등장하지 않지만, 배우의 대사를 수음하기 위한 중요한 장비이다. 붐을 들 때는 거리감을 중요하게 생각해야 한다. 붐 끝에 달린 마이크를 배우의 머리 위에서 입 방향으로 정확히 위치시켰는지 붐을 드는 위치에서 눈으로 확인할 수 있어야 한다. 붐 맨은 헤드폰을 쓰고 붐을 든다. 배우에게 위치시킨 마이크에서 배우의 음성이 헤드폰으로 들어오면 붐이 정확한 위치에 있는지 확인할 수 있다. 처음 붐을 드는 사람은 배우와 붐을 들고 있는 자신의 거리만 생각하기 때문에 붐에 달린 마이크를 펼치려 한다. 이 경우 마이크의 수음각이 배우에게서 벗어나게 된다. 앞서도 설명했듯이 마이크의 수음각이 배우의 입 방향을 가리켜야 청명한 음성을 받아들일 수 있다. 수음각을 벗어나더라도 수음각 안에 배우의 입이 들어온다면 음성은 들리겠지만, 이런 경우 붐을 든 팔에 무리가 오면서 붐을 뻗은 방향의 반대로 몸을 기울일 것이다. 그렇게 되면 결국 배우의 대사마저도 수음각을 벗어날 것이고, 음성의 진동음(저음)만 녹음될 수도 있다.

[사진-47] 걸어가면서 대사하는 장면을 수음하기 위해 붐을 길게 뽑아 마이크를 지향하고 있는 모습

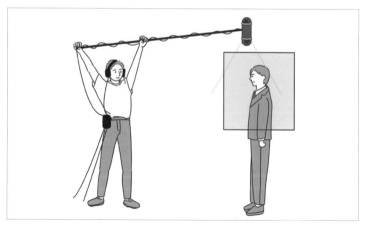

[그림-41] 배우와 마이크가 일직선이 된 모습. 청명한 음성을 받아들이기 위해서는 배우와 마이크가 일직선이 되도록 해야 한다.

[사진-47]을 보면 대화하며 걸어오는 두 배우에게 붐 마이크를 지향하고 있는데, 이런 경우 거리감이 있는 소리로 들린다. 이와 같은 작업에서는 멀리서 누군가 대화를 한다는 느낌의 소리가 헤드폰으로 들려온다. 예비로 배우들에게 라발리에를 장착해도 둔탁하고 공간의 울림이 없는 목소리로 들린다. 넓은 화면이 가지는 공간의 느낌이 표현되지 않는 것이다.

5) 붐 맨의 위치

 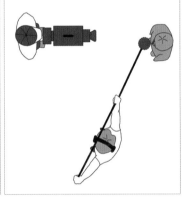

[그림-42] 붐 맨의 위치   [그림-43] 위에서 본 붐 맨의 위치

붐 맨은 카메라와 배우가 보이는 위치에 있어야 한다. 그래야 카메라의 위치 정보나 렌즈를 교체할 때 렌즈의 정보를 파악할 수 있고, 배우의 동선이나 움직임에 따라 마이크의 방향을 조절할 수 있다.

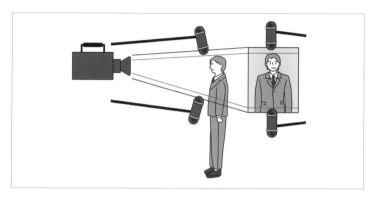

[그림-44] 카메라와 화면 그리고 붐

영상의 실제 화각을 알아야 붐을 들 때 어려움이 없다. 실물을 볼 때 화면에 출연하는 크기를 생각하고 본다면 쉽게 익힐 수 있다. 모니터에 의존하게 되면 한발 늦게 출발하는 것과 같다.

[그림-45] 마이크의 지향각

사람의 음성은 눈으로 보이지 않는다. 귀로 듣고 느껴야 알 수 있듯이 마이크에도 보이지 않는 지향각이 존재한다. 이 지향각은 마이크로 들어오는 소리를 직접 들어봐야 확인할 수 있지만 오랜 경험을 가진 사람이라면 보는 것만으로도 지향각을 확인할 수 있다. 현장에서는 마이크가 가지는 지향각과 카메라의 렌즈가 가진 화각 그리고 화면을 구성하는 숏의 성격을 익혀야 어려움을 겪지 않는다.

화면을 구성하는 숏의 종류들

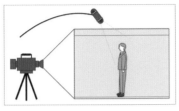

[그림-46] 풀 숏의 마이크 위치

[그림-47] 니 숏의 마이크 위치

[그림-48] 버스트 숏의 마이크 위치

[그림-49] 웨이스트 숏의 마이크 위치

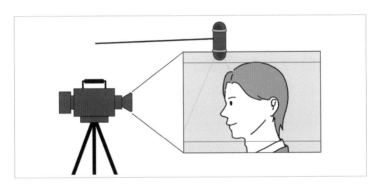

[그림-50] 클로즈업 숏의 마이크 위치

배우의 전신을 보여주고 주변 상황을 알려주는 풀 숏부터 얼굴만 나오는 클로즈업 숏까지를 육하원칙으로 생각해 볼 수 있다. 롱 숏과 풀 숏은 '언제', '어디서'에 해당하고, 니 숏이나 웨이스트 숏은 '누가'와 '무엇을'에 해당한다. 그리고 버스트 숏과 클로즈업 숏은 '어떻게'와 '왜'에 해당한다. 이렇게 육하원칙으로 생각하면 붐 마이크의 위치를 잡는 데 매우 편리하다. 롱 숏과 풀 숏을 찍을 때 주변의 소음과 촬영할 장소의 소리는 '언제'와 '어디서', 즉 시간과 장소의 정보를 가늠할 수 있게 해준다. 니 숏과 웨이스트 숏은 촬영하는 장소에서 누가 무엇을 하는지와 이후에 일어날 사건들의 정보를 알려준다. 버스트 숏과 클로즈업 숏은 배우가 '어떻게', '왜' 하는지 세밀한 정보를 알려준다.

6) 현장 용어

(1) 엠오에스(MOS, Mit-Out Sound)

엠오에스는 녹음 없이 촬영만 할 때 사용하는 용어이다. 1930년대 할리우드의 영화촬영장에서 유럽 출신 감독이 사운드의 녹음 없이 촬영하게 되자 "소리 없이"라고 이야기했는데, 영어 발음인 "위드아웃 사운드(without sound)"가 "미트아웃 사운드"로 들린 것에서 유래한다. 현재는 컷인(Cut-in) 할 영상을 지칭하는 용어로 사용한다.

(2) 노 사운드(No Sound)

노 사운드는 소리 없이 진행하는 숏들에 해당한다. 음악을 삽입할 숏이나 시지(CG)에 사용할 배경 화면 등을 말한다.

(3) 에스오, 사운드 온리(SO, Sound Only)

에스오는 촬영은 하지 않고 소리만 녹음하는 행위를 말하는데, 보통 배우가 방금 연기한 대사를 녹음하는 작업에서 사용한다. 방금 연기한 자신의 대사를 다시 해달라고 하면 똑같이 연기를 하지만, 시간이 지날수록 똑같은 연기를 하기 어려워지기 때문에 가능하면 빨리 대사를 녹음하는 것이 좋다.

5. 후반 작업

후반 작업은 현장에서 제작한 영화를 다듬고 포장하는 마지막 단계에 속한다. 현장에서 녹음한 사운드 트랙(Sound Track)은 원본이기 때문에 편집실에는 옮김 작업을 한 사운드 트랙을 보낸다. 이때 디지털 녹음기로 녹음한 소리는 파일 형태이기 때문에 원본 파일은 보관하고 백업한 파일을 편집실과 믹싱 녹음실로 보낸다.

1) 옮김 작업(Transfer)

현장에서 녹음한 소리는 16밀리 또는 35밀리 마그네틱 사운드 필름으로 옮김 작업을 해야 한다. 현장에서 녹음할 때 사용했던 녹음기로 재생하고 에스엘오 싱크로나이저(SLO Synchronizer)에 연결해서 녹음기의 미세한 속도를 조절해야 한다. 동기화하는 나그라 녹음기는 크리스털 신호("삐" 하는 소리)를 같이 녹음하는데, 재생 시 에스엘오 싱크로나이저에 크리스털 신호를 입력한다. 입력 신호는 모니터에 초록색으로 원을 그리게 하는데, 둥그런 원 모양을 유지해야 영상과의 동기화 속도도 유지할 수 있다. 에스엘오 싱크로나이저에는 동기화를 맞추기 위한 볼륨 제어장치가 있다. 이 장치를 손으로 조정해서 원을 유지해야 한다. 참고로 발진음을 만들어내는 전자 회로인 크리스털 신호는 현재 현장에서는 사용하지 않는다.

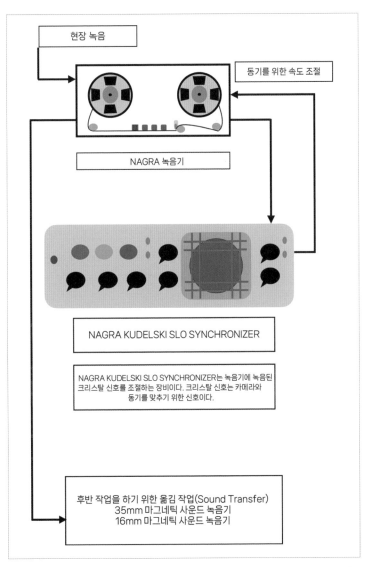

현장 녹음

동기를 위한 속도 조절

NAGRA 녹음기

NAGRA KUDELSKI SLO SYNCHRONIZER

NAGRA KUDELSKI SLO SYNCHRONIZER는 녹음기에 녹음된
크리스탈 신호를 조절하는 장비이다. 크리스탈 신호는 카메라와
동기를 맞추기 위한 신호이다.

후반 작업을 하기 위한 옮김 작업(Sound Transfer)
35mm 마그네틱 사운드 녹음기
16mm 마그네틱 사운드 녹음기

[그림-51] 아날로그 녹음기의 옮김 작업은 테이프에 녹음한 소리를 마그네틱 필름으로 옮기는
작업이다.

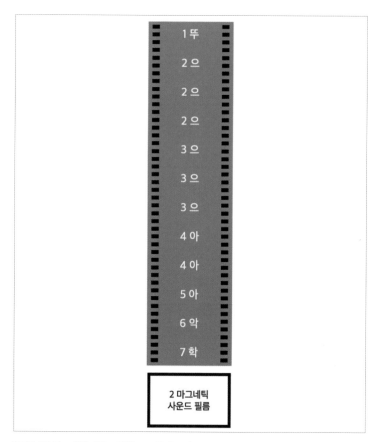

[그림-52] 마그네틱 사운드 필름으로 옮긴 소리

　위의 그림은 현장에서 녹음된 슬레이트가 맞닿는 소리를 마그네틱 사운드 필름으로 옮김 작업을 한 것을 보여준다. 슬레이트가 맞닿을 때는 '딱'하는 소리가 들린다. 녹음된 소리를 정속(녹음할 때의 속도)으로 재생해서 들어보면 역시 '딱' 하는 소리가 들린다. 소리가 있는 부분을 천천히 움직여 보면 반 뼘 정도 되는 길이의 시간이 녹음테이프에 녹음된 것을 알 수 있다.

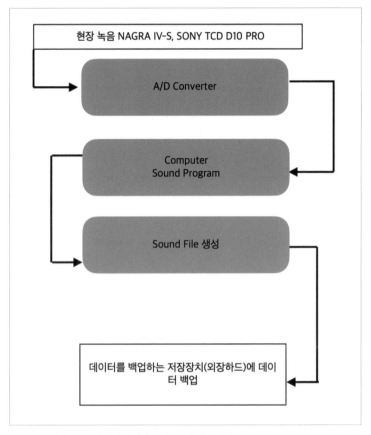

[그림-53] 아날로그 소리에서 디지털 소리로 변환하는 과정

위의 그림은 현장에서 녹음한 소리를 컴퓨터가 인식할 수 있는 디지털 신호로 바꾸어 주는 과정을 보여준다. 에이-디 변환기(A/D Converter)를 컴퓨터와 연결하면 사운드 편집 프로그램과 연결되는데, 편집 프로그램의 녹음 기능을 이용해서 파일로 생성할 수 있다. 현장에서 녹음한 소리를 재생시켜 한 장면에 해당하는 소리를 하나의 파일로 만들면 된다.

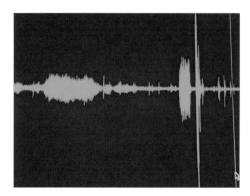

[그림-54] 파형으로 형상화한 소리

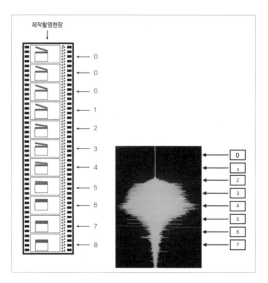

[그림-55] 트랙 속 슬레이트 치는 소리의 파형

위의 그림은 소리가 보이는 파형과 슬레이트를 치는 과정이 담긴 필름을 표현한 것이다. 파형의 2번은 슬레이트를 치기 시작하는 부분이고, 3번과 4번은 슬레이트의 딱딱이가 맞닿은 부분이다. 5번과 6번은 소리의 여운이 지속되는 부분이며, 7번은 여운이 잦아드는 부분이다.

이처럼 일상적으로 듣기에는 소리와 소리의 겹침을 분간하기
어려우나, 녹음한 소리를 시간 단위로 분리해 보면 소리와 소리
가 겹치는 것을 확인할 수 있다. 울림이 심한 공간에서는 액션 사
인 소리와 배우의 대사가 물리는 경우가 생긴다. 이럴 때는 소리
의 여운이 없어질 때쯤부터 연기를 시작해 달라고 부탁해야 한
다. 현장에서 작업하다 보면 긴장을 해서 액션 사인이 떨어지기
도 전에 연기를 시작하는 배우들이 있다. 이 경우 배우에게 마음
의 여유를 가지고 액션 사인 소리를 듣고 속으로 1, 2초 정도 센
다음 연기를 시작해 달라고 이야기해야 한다.

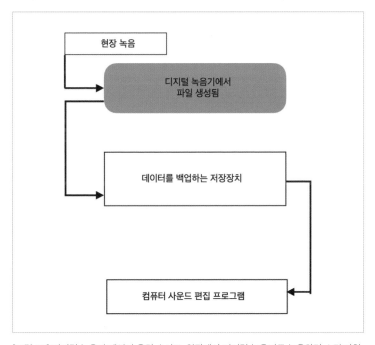

[그림-56] 디지털 녹음의 데이터 옮김 순서도. 현장에서 디지털 녹음기로 녹음하면 소리 파일
이 생성된다. 생성된 파일은 컴퓨터로 불러들여 작업할 수 있다.

2) 편집(Edit)

편집 작업은 동기화 작업, 순서 편집, 본 편집 순서로 이루어 진다.

(1) 화면과 소리의 동기화 작업

편집할 때 처음으로 하는 일은 동기화 작업이다. 이 작업은 영상과 그에 해당하는 소리를 일치시키는 작업을 말한다. 싱크 작업은 영상의 슬레이트가 맞닿는 곳과 '탁'이나'퍽' 하는 소리를 맞추면 된다. 영상의 슬레이트에 적혀 있는 신 번호와 컷 번호, 테이크 번호를 슬레이트 치는 연출팀의 음성을 듣고 대조해 가며 동기화 작업을 한다. 영상과 소리가 일치하지 않아서 편집실에서 문의 전화가 걸려 올 때가 종종 있다. 몇 개의 소리가 없거나 화면과 일치하지 않는 등의 이유 때문이다. 슬레이트를 담당하는 연출팀은 막내에게 일을 시킨다. 경력이 많으면 쉽게 할 수 있는 일이지만 처음 하는 일이면 슬레이트에 방금 써놓은 숫자도 잊어버리는 경우가 있다. 이 경우 스크립터의 기록장과 녹음 기록장이 일치하지 않을 수 있다. 한 회차의 제작이 끝나면 스크립터와 녹음 기록장을 대조하는 이유가 여기에 있다. 현재의 제작 현장은 타임 코드 발생기로 카메라와 녹음기의 동기화 작업을 하기 때문에 영상과 소리를 자동으로 동기화할 수 있다.

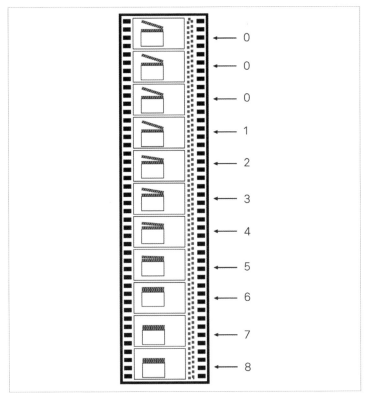

[그림-57] 필름의 슬레이트가 맞닿는 곳

위의 그림은 슬레이트를 치는 순간을 자세히 보여준다. 화면 안에 슬레이트는 0번부터 8번까지 번호가 붙어 있다. 3개의 0번은 슬레이트를 치려고 준비하는 상황을, 1번부터 4번까지는 슬레이트를 치기 시작하는 과정을 보여준다. 5번은 슬레이트가 맞닿기 직전이며, 6번은 맞닿은 부분이다. 7번과 8번은 맞닿은 후 움직임이 없는 상태이다.

(2) 순서 편집

동기화 작업이 완료되면 순서 편집을 한다. 순서 편집이란 시나리오의 순서와 같이 신과 컷의 순서대로 화면을 배열해 나가는 작업을 말한다. 순서 편집을 하는 사람은 스크립트 페이퍼를 보면서 각각의 컷에서 오케이 된 테이크를 찾아 순서대로 연결한다.

(3) 본 편집

1992년 조수 시절 쓴 일기의 한 부분

충무로 한옥 마을과 대한극장 뒤편의 샛길을 따라가 보면, 4층짜리 작은 건물 3층에 편집실이 있다. 좁은 계단을 올라가면 회색 페인트로 칠해놓은 낡은 나무 문이 나온다. 편집실로 들어선 순간, 코를 찌르는 쉰 냄새가 난다. 사운드 마그네틱 필름(Sound Magnetic Film)을 들고 편집하는 방으로 들어서면 감독님과 조감독님, 스크립터 누님(나보다 나이가 많아 보임)이 소파에 앉아 계신다. 스틴벡(Steenbeck)이라는 필름 편집기 앞에는 편집기사님이 앉아 계신다. 편집기사님 앞에는 필름을 자르고 붙이는 데 쓰는 스플라이서(Splicer)가 놓여 있다. 양옆으로는 필름들이 길게 주렁주렁 매달려 있다. '혹시나' 했는데 '역시나'였다. 어두운 방에서 작은 화면을 보며 편집을 하는데, 내가 문을 열자 방 안은 환해지고 모두의 시선이 나에게로 향했다. "사운드 필름 가져다 드리라고 해서 가져 왔…" 조감독님이 순간 "문 닫아" 하고 위엄 있는 목소리로 다그치시고, 나는 소파 옆의 구석에서 쉬는 시간이 올 때까지 편집하는 걸 구경

했다. "잠깐 쉬었다 하지" 감독님이 말씀하신 후 방 안의 불이 켜졌다. 편집 조수인 누님이 커튼을 열어 창을 여는 순간 방안에 생기가 흐르는 듯했다. 창 너머로 보이는 남산 자락의 필동에서 불어오는 바람이 방 안에 상쾌한 공기를 밀어 넣는다. 널려 있던 필름들이 흩날리며 메마른 나무에 바람 부는 소리를 흉내 낸다. 쉬는 시간이 왔다. 편집기사님에게 사운드를 넘겨드리려 하니 조수로 계시는 누님이 방문이 닫혀 있을 때는 들어오지 말고 거실에서 기다리라고 주의를 주신다. 억양이 강한 사투리를 쓰시는 걸로 봐서, 부산이나 마산이 고향인 것 같다. 편집하느라 모두 밤샘 작업을 하셔서 신경이 예민하다고 하신다. 편집실은 현장에서 녹음한 소리가 어떻게 사용되는지 배울 수 있는 곳이다. 그곳에서 카메라의 동그란 렌즈 종류에 따라 화면이 어떻게 표현되는지를 공부할 수 있었다. 현장에서는 배우의 연기 동선을 확인하기 위해 공간 전체를 보여주는 풀 숏으로 한 신 전체를 촬영한다. 이후 투 숏과 오버 더 숄더 숏, 버스트 숏 등으로 대사가 있는 장면을 만든다. 풀 숏에서 배우의 음성이 모두 잘 들려야 한다고 생각할 수 있지만, 대사 부분은 풀 숏 후에 등장하는 장면들에 있기 때문에 무리해서 붐 마이크를 위치시킬 필요가 없는 것 등 편집실에서만 배울 수 있는 지식이 있다.

순서 편집이 끝나면 극장 상영을 위한 편집본을 완성한다. 본 편집을 완료하면 90분에서 120분 분량의 영화가 5권으로 나뉘어 믹싱 스튜디오로 넘어갈 준비를 한다. 총 길이가 90분에서 120분 분량이기 때문에 편집본은 20분에서 25분 길이로 나누어진다.

3) 믹싱(Mixing)

완성된 편집본의 사운드는 현장에서 녹음된 소리로 이루어져 있다. 이를 바탕으로 제작 현장에서 녹음된 오리지널 사운드 트랙을 기준으로 영화 전체의 사운드를 디자인한다. 대사, 앰비언스, 효과, 음악이 한 영화에 어우러져야 하므로 각 분야에서 다수의 트랙을 가지고 믹싱 작업을 한다. 믹싱을 할 때는 형식이 있다. 돌비 애트모스(Dolby Atmos)로 할 것인지, 서라운드(Surround Sound)로 할 것인지, 스테레오로 할 것인지 납품하는 곳의 요청에 따라 결정하고 일을 시작해야 한다.

(1) 전체 시사

완성된 편집본은 감독, 프로듀서, 믹싱 감독, 연출팀, 음악감독, 대사 녹음기사, 폴리(Foley) 기사, 앰비언스 기사, 현장 녹음기사 등과 같이 시사한다. 재녹음(Re-recording)할 부분과 효과음, 공간음(분위기 소음), 내레이션, 음악이 들어가야 하는 부분 등을 논의한다. [사진-49]는 작업 테이블 위의 모니터다. 작업자는 [사진-48]의 스크린을 보면서 작업을 한다.

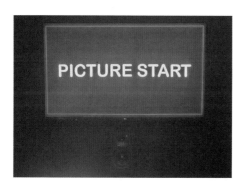

[사진-48] 믹싱 룸의 스크린과
중앙 스피커

[사진-49] 믹싱 룸의 트랙을 관리하는 컴퓨터 모니터

(2) 분야별 작업

전체 시사를 완료하면 각 분야(대사, 앰비언스, 효과)의 기사들이 각 자 맡은 작업을 수행한다. 이때 작업하는 소리들은 한 개 이상의 트랙을 사용한다.

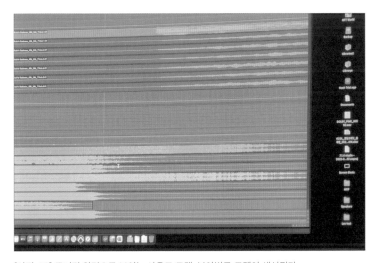

[사진-50] 모니터 화면으로 보이는 사운드 트랙. 분야별로 트랙이 생성된다.

① 대사

• 대사 편집(Dialogue Editing)

대사는 배우들의 음성과 호흡만 들릴 수 있게 사운드 편집을 한다. 그 외 효과음과 공간음은 모두 제거한다. 대사는 화면에 보이는 대사와 화면에 보이지 않는 대사가 있다. 화면에 보이는 대사는 배우의 입이 화면에 보이는 대사를 말하고, 보이지 않는 대사는, 배우가 화면에 보이지 않고 목소리만 들리는 오프 사운드에 속하는 내레이션, 마음의 소리, 전화기 속에서 들리는 대사 등을 말한다. 이들 소리는 현장에서 녹음한 배우의 음성이 있어야 한다. 그렇지 않으면 제각기 다른 감정으로 녹음될 수 있기 때문에 앞뒤 장면의 현장 녹음 음성을 듣고 감정을 실어서 편집을 해야 한다. 이들은 각각의 트랙이 정해져 있으나 대부분 스크린 뒤에 위치한 중앙 스피커로 출력된다. 대사는 모노 트랙으로 하나의 스피커에서 들려야 한다. 인간의 귀는 두 개지만 두 귀의 청력이 같을 수 없기 때문에 스테레오로 대사가 출력되면 소리를 듣는 관객은 불안정한 느낌을 받게 된다.

• 대사 녹음

대사 편집이 끝난 편집본에서는 배우들의 음성만 들린다. 음성 외에 앰비언스와 효과음의 자리는 비어 있어 아무 소리도 들리지 않는다. 현장에서 녹음한 배우의 음성은 소음과 효과음이 어우러져 현장 상황까지 전달한다. 하지만 배우의 음성이 현장 소음이나 효과음에 겹쳐서 대사 전달이 안 되거나, 화면이 표현하는 분위기나 신의 성격으로 인해 현장 녹음 음성만으로는 충분하지 않을 때가 있다. 예를 들어 화면상으로는 주변이 조용한 것처럼 표현하는데, 촬영 환경은 고속도로나 차량 통행이 잦은 도로가 옆에 있어서 시끄러운 경우를 들 수 있겠다. 혹은 같은 신임에도 컷이 바뀔 때마다 소음이 달라진다거나 불규칙한 소음들이 들어갈 때도 있고, 배우의 음성 연기가 일정하지 않거나 감독이 다른 음성 연기를 원할 때도 있다. 그런 대사들은 따로 추려서 방음이 되는 녹음실에서 대사 녹음 작업을 진행해야 한다. 오프 사운드, 내레이션, 마음의 소리, 전화기 속에서 들리는 대사 등도 이곳에서 녹음한다. 대사 녹음을 하는 배우는 현장에서 녹음한 본인의 감정과 호흡이 섞여 있는 음성을 듣고 당시의 감정으로 화면을 보며 대사를 따라 하거나 다른 음성 연기를 한다.

[사진-51] 대사 녹음실의 음성 녹음용 마이크와
팝 필터

② 앰비언스(공간음, 분위기 소음)

앰비언스는 주변 환경 소음을 말한다. 영상 속 배경이 되는 장소의 공간음을 균일하게 채우는 작업을 하는 일이다. 대사 녹음 작업을 한 부분의 주변 소음을 채우기도 한다. 또는 특정한 공간, 예를 들어 우주나 심해의 소리 등을 채우는 일을 한다. 촬영한 장소의 공간 소음을 녹음해야 하는 이유는 부분적으로 대사 녹음 작업을 해야 하는 경우 그 부분의 소음을 채우기 위해서다.

• 현장 앰비언스

현장에서 배우들이 연기한 장소의 소리다. 주변에 모든 스태프가 조용히 하거나, 아무도 없을 때 서라운드나 스테레오로 녹음한다. 길이는 3분에서 5분 정도로 한다. 촬영하는 동안은 일하는 사람들의 소음으로 인해 조용한 공간에서 나오는 소리를 듣지 못한다. 일하는 사람들이 철수하고, 아무도 없는 곳에서 소리를 들어보면 특정한 소음이 존재한다는 걸 알 수 있다. 현장에서 엠오에스나 노 사운드 등의 비어 있는 공간을 채우기 위해서도 필요하고, 현장에서 녹음된 배우의 음성을 사용해야 할 때 한 장소에서 들리는 공간의 앰비언스를 일정하게 하기 위해서도 필요하다.

• 라이브러리 앰비언스(Library Ambience)

이미 제작이 되어 있는 소리를 뜻한다. 인위적으로 제작한 대표적인 소리로 빗소리를 들 수 있다.

③ 효과

효과에는 사람이 직접 움직이면서 만들어내는 생 효과(Foley)와 기존에 제작된 소리를 사용하는 라이브러리 효과가 있다.

• 생 효과

생 효과는 사람이 몸을 움직여 만드는 소리다. 발소리나 옷이 마찰하는 소리, 칼 부딪치는 소리 등을 말한다. 화면을 보고 배우가 하는 행동을 그대로 따라 하며 만들어야 하는 소리다.

• 라이브러리 효과

기존에 만들어져 있는 효과 소리를 화면에 맞추어 사용한다. 총 쏘는 소리, 비행기 엔진 소리, 자동차 지나가는 소리, 급브레이크 소리 등이 있다.

(3) 프리 믹싱

분야별로 완료한 대사, 앰비언스, 효과의 트랙들을 한곳에 모아 작업을 한다. 이때 분야별로 작업한 소리들의 높낮이 작업과 특정한 소리(전화기 속 음성 등)의 변조 같은 작업을 수행한다. 프리 믹싱은 이 소리들이 영상에 어울리도록 소리의 높낮이를 조절하여 단계적으로 완성해 나가는 작업이다. '이 장면에는 음악이 들어가야 한다'가 아닌 '배우가 눈물을 흘리기 시작할 때 또는 눈물이 흘러내려 얼굴의 콧방울을 지날 때 음악이 흘러나온다'라는 식으로 세밀한 지시하에 진행하는 작업이다. 예를 들어 총을 쏘는 장면이라면 화면에 나오는 총의 크기에 비해 총소리가 너무 크거나 작지 않은지 확인해야 한다. 영화의 장르나 장면의 성격에 따라

만화에 나오는 총소리처럼 과장해서 표현해야 하는지도 결정해야 한다. 프리 믹싱에서는 이렇게 세밀한 부분까지 조정해 전체적인 소리의 크기를 조절하는 일을 한다. 분야별로 작업한 트랙들이 모여 새로운 트랙을 형성한다. 극장의 벽에 설치된 스피커에서 들려야 하는 소리들이 가는 길을 지정해 주기도 한다.

(4) 파이널 믹싱

파이널 믹싱은 스튜디오 녹음의 가장 마지막 단계에 속한다. 감독과 프로듀서, 제작자가 참여해 극장의 스피커에서 들려야 하는 소리의 재생 상태를 확인하고, 영상에 어울리는지를 검토하는 최종 단계다. 파이널 믹싱은 극장에서 영화를 한 편 보는 것과 같다고 생각하면 된다. 35밀리 필름의 경우 45.75센티미터, 16밀리 필름의 경우 18.3센티미터 화면보다 선행한다.

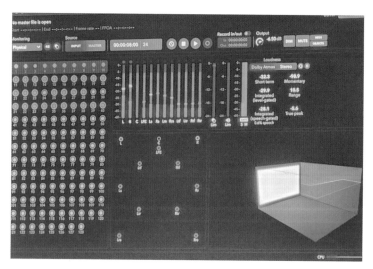

[사진-52] 스피커들을 제어하는 컴퓨터는 극장 내부에 설치한 스피커에 분야별로 작업한 트랙의 소리를 보낸다.

6. 극장의 스피커

[사진-53] 한국영상자료원 시네마테크 KOFA 1관의 좌석 배치도

영화를 관람하기 위해 극장을 방문하면 좌석의 위치를 한눈에 파악할 수 있는 관객석의 배치도를 볼 수 있다. 극장 안에 들어서면 도면에 그려진 대로 좌석이 배치되어 있고, 하얀색의 스크린이 눈에 들어온다. 양옆의 벽에는 소리를 출력하는 스피커들이 부착되어 있다.

[사진-54] 극장 안의 좌석과 스크린

[사진-55] 극장의 스크린

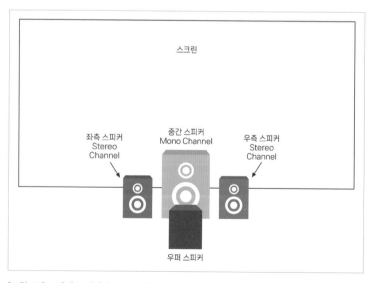

[그림-58] 스테레오 방식의 극장 스피커

극장의 구조는 보통 객석을 중심으로 앞에는 스크린, 뒤에는 영상을 재생하는 영사실로 이루어져 있다. 극장 스피커의 배치는 다음과 같다. 중간 스피커와 중간 스피커 양옆에 있는 스테레오 스피커, 스테레오 스피커의 양옆에서 시작해서 마지막 뒷자리 관객석 뒤쪽의 벽까지 서라운드 스피커가 줄지어 달려 있다. 좌·우측 스피커와 중앙 스피커, 우퍼 스피커에서 기본적인 소리를 출력하지만 스크린 뒤에 숨겨져 있어서 보이지는 않는다.

[사진-56] 객석 뒤로 보이는 영사실

[사진-57] 가까이에서 바라본 영사실

영화 믹싱 작업을 어떤 형식으로 하는지에 따라 극장 안의 전체 스피커에서 소리가 들릴 수도, 들리지 않을 수도 있다. 스테레오 형식으로 믹싱을 하면 스크린 뒤에 숨겨진 중앙 스피커와 양옆의 스테레오 스피커에서 소리가 들리고, 서라운드로 믹싱을 하면 서라운드 스피커에서도 소리를 출력한다. 돌비 애트모스는 소리에 입체감을 주기 위해 위에서도 소리가 나온다. 극장의 객석에 앉아 있으면 눈앞에 커다란 스크린이 보인다. 중앙 스피커와 스테레오 스피커, 왼쪽 서라운드 스피커, 오른쪽 서라운드 스피커는 스크린에 가려져 있다. 중앙 스피커에서는 음성만 출력한다. 관객이 극장의 어느 좌석에 앉아서 관람을 하더라도 스크린의 중앙으로 시선이 가기 때문이다. 아무리 건강한 사람이라도 좌측과 우측의 청력 차이는 있기 마련이기 때문에 대사가 좌·우측에 위치한 스테레오 스피커에서 나오면 소리에 이상이 있는 것처럼 느낀다. 이렇게 되면 영화의 내용에 몰입할 수 없다. 음성은 현장 녹음된 배우의 음성과 대사 녹음으로 편집된 배우의 음성으로 이루어져 있다. 좌측과 우측 스피커에서는 음악이나 효과음을 출력한다. 우퍼 스피커는 북 치는 소리나 땅이 울리는 소리 같은 저음을 진동으로 전달한다. 우퍼 스피커가 출력한 음파의 강한 진동은 관객의 몸을 진동하게 한다.

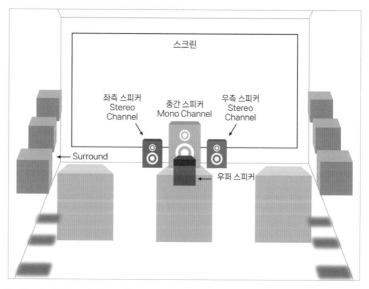

[그림-59] 서라운드 방식으로 설치된 극장의 스피커

극장의 객석에서 양쪽 벽과 뒤쪽 벽의 위쪽을 보면 나란히 정렬한 스피커들을 볼 수 있다. 이 스피커들이 관객을 둘러싸고 있는 서라운드 스피커다. 이 스피커들은 주로 빗소리나 천둥소리 등 장면에 입체감을 주기 위한 소리들을 출력한다. 서라운드 스피커는 관객이 화면에 표현되는 소리들을 더욱 현실적으로 느낄 수 있게 해준다.

[사진-58] 좌측 벽의 서라운드 스피커들

[사진-59] 우측 벽의 서라운드 스피커들

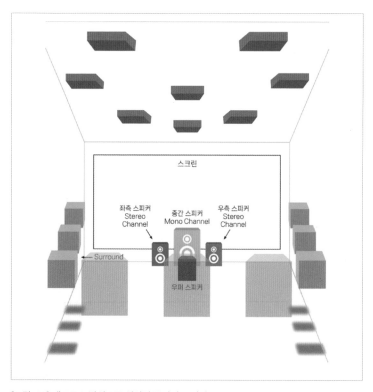

스크린

좌측 스피커
Stereo
Channel

중간 스피커
Mono Channel

우측 스피커
Stereo
Channel

Surround

우퍼 스피커

[그림-60] 애트모스 방식으로 설치된 극장의 스피커

극장의 객석에서 천장을 보면 여러 개의 스피커가 보인다. 이 스피커들이 돌비 애트모스이다. 돌비 애트모스는 입체적인 소리의 효과를 주기 위한 장치이다. 돌비 애트모스는 기존의 서라운드에 더해져 현실보다 한층 풍성한 입체감을 준다. 뒤에서부터 앞까지 소리의 이동을 들려준다면 돌비 애트모스는 머리 위에서 소리가 이동하기 때문에 공간에서 움직이는 소리까지 느낄 수 있다. 서라운드가 이 장치로 관객은 마치 화면에 보이는 공간에 있는 느낌을 받을 수 있다.

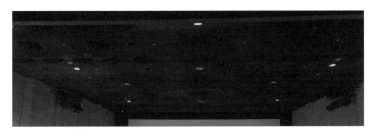

[사진-60] 돌비 애트모스는 스피커들이 천장에 위치한다. 이 극장에는 돌비 애트모스 시스템
이 설치되지 않았지만 극장 천장의 스피커를 보여주기 위해서 촬영했다.

영화진흥위원회 50주년 기념 총서 02

소리를 보다

영화제작 현장 녹음의 모든 것

제2부

현장 녹음기사
강봉성이 되기까지

제2부
현장 녹음기사 강봉성이 되기까지

1. 조수 시절의 현장 경험 (1991~1993)

1) <경마장 가는 길>(장선우, 1991) : 영화 현장 적응하기

<경마장 가는 길>은 1991년 7월에 크랭크인하고, 11월 초에 크랭크업했다. 이 작품을 하기 전에 선배들이 나에게 필히 읽어야 할 책이 있다고 하셨다. 영화진흥공사에서 출판된 『영화녹음』이라는 책이었다.

[사진-61] 『영화녹음』은 녹음실에서 일을 시작하고 처음으로 구입한 책이다. 2,500원을 투자했는데, 당시 '88라이트' 담배 가격이 700원인 시절이었다.

『영화녹음』은 영화를 제작하는 과정에 필요한 녹음 관련 기술을 정리한 책이다. 현장에서 장비들을 어떻게 취급하는지, 소리와 영상의 동기화가 어떻게 이루어지는지 등 작업 과정부터 녹음기의 구조까지 전문적인 지식을 담고 있다. 나는 당시 실제로 현장에서 어떤 일을 어떻게 하는지가 가장 궁금했다. 이 책을 통해서 현장의 일들을 간접적으로나마 접할 수 있었다. 특히 '자동적인 지각대상'과 '귀를 객관적으로 이용한다'는 것을 흥미롭게 읽었다.

영화 현장은 도제식으로 기술을 배워야 하는 구조다. 녹음기술에 대한 지식이 풍부하다 해도 오랜 경험으로 쌓아온 노하우가 없다면 발전은 더딜 것이다. 영화가 크랭크인하기 일주일 전, 녹음실 선배들과 인사를 나눴다. 선배들은 장비의 용도와 장비를 취급하는 기술에 관해 설명해 주고, 조립하는 기술도 보여주었다. 하지만 선배들이 알려준 장비의 종류와 이름, 사용 방법만으로는 실제 장비를 어디에, 어떻게 사용하는지 알 수 없었다. 녹음 장비가 들어있는 박스만 해도 네다섯 개였고, 안에 들어있는 장비도 당시에는 흔히 볼 수 있는 것이 아니어서 눈으로 보고 외우기에는 한계가 있었기 때문이다. 케이블만 해도 군용 더플백(duffel bag) 안에 길이가 다른 마이크 케이블이 여럿 들어있었다. 선배들이 가르쳐 준 장비의 명칭을 모두 수첩에 적어넣었지만, 장비가 실제 현장에서 어디에 어떻게 쓰이는지 눈으로 익혀야 일을 하는 데 어려움이 없을 것 같았다. 그리고 드디어 영화 촬영 시작과 함께 직접 장비들을 익히기 시작했다.

[표-1] <경마장 가는 길>에서 사용한 장비 목록

	명칭	설명
1	녹음기 믹서 가방	녹음기와 믹서는 하나의 가방에 들어 있음
	녹음기	나그라 IV-S
	믹서	나그라 IV-S
2	녹음 기록장	대학 노트(A4 용지 반 크기)
3	마이크 박스	젠하이저 MKH 416 X 2, 액세서리 일절
4	마이크 박스	젠하이저 MKH 816 X 1, 액세서리 일절
5	무선 박스	젠하이저 무선 시스템
6	액세서리 박스	기사님 헤드폰 베이어다이내믹(Beyerdynamic) DT48 붐 맨 헤드폰 나그라 파워 서플라이(직류 24v) (110v/220v 변환 스위치 있음) 스탠드(밤 신 촬영이 있을 때 녹음기와 믹서를 밝혀주기 위해 사용) 나그라 릴 테이프 5개 공릴 1개
7	공구 주머니	(전기 인두기, 납, 니퍼, 라디오 펜치, 커터칼, 가스 인두기) 가죽으로 된 하네스(녹음기만 따로 사용할 때 사용)
8	피시 폴 가방	긴 것 2개, 짧은 것 1개 야기 안테나(무선 사용 시 사용)
		파라솔(낮에는 장비에 그늘을 만들어 주고 밤에는 이슬을 막아주는 역할)
9	회색 큰 가방	사운드 테이블(바퀴 따로 있음)

10	군용 더플백 (마이크 케이블 가방)	듀플렉스 케이블 50미터 1개, 싱글 케이블 50미터 1개, 싱글 케이블 35미터 2개
		방독면 가방 마이크 연결 라인 10미터 3개
11	기사님 의자	낚시 의자
12	아카이(Akai) M-10 녹음기	나그라 릴 테이프를 리와인드 시킬 때 사용하는 장비로 녹음실로 귀가하는 당일 촬영 때는 들고 다니지 않는다. 지방 촬영을 할 때는 챙겨 가서 숙소에 보관을 한다.

위의 표는 <경마장 가는 길> 촬영 당시 실제로 현장에 가지고 다녔던 장비들이다. 장비를 넣는 박스는 청계천 8가 뒷골목의 미군 용품을 판매하는 곳에서 구입했다.

(1) 방화동 촬영 현장 : 첫 촬영이자 나의 첫 작업

촬영 당일, 새벽 5시까지 녹음실에 집합했다. 전날 가지고 가야할 짐을 모두 정리해 두었기 때문에 그 장비들을 옮기기만 하면됐다. 내가 맡은 일은 촬영 버스가 서는 녹음실 문 앞까지 장비를 나르는 일이었다. 첫날에는 장비 박스에 손도 대지 못했다. 마이크 케이블이 들어있는 군용 가방과 붐이 들어있는 가방, 접이식사운드 테이블이 들어있는 가방 등 몇몇 무거운 짐을 옮기는 것만 할 수 있었다. 촬영 버스에는 촬영팀과 연출팀, 녹음기사, 녹음팀이 타고, 촬영 장비와 녹음 장비를 싣는다. 첫 촬영 장소는 김포공항 근처의 방화동이었다. 모든 스태프가 제작부가 섭외한 식당에서 아침 식사를 한 후에 근처 촬영 장소로 이동해서 촬영 준비를 했다. 나의 선생님이신 이영길 기사님은 처음 일하는 현장에서 무엇을 해야 할까 갈팡질팡하지 말고 선배들이 어떻게 일하는지 잘 보라고 하셨다. 현장의 스태프들은 여유로워 보이면서도 분주히 움직이고 있었다. 장선우 감독과 유영길 촬영감독, 김동호 조명감독, 문성근 배우, 강수연 배우 등이 모여서 오늘 촬영해야 하는 동선을 논의하는 사이, 촬영 조명팀의 선배들이 장비를 분주히 조립했다. 연출부 형님은 일일 촬영계획표와 콘티를 각 부서의 감독님들과 스태프들에게 나누어주고 계셨다. 감독님들께 먼저 드리고 다음은 퍼스트 선배들이 받았지만, 막내인 나에게는 콘티를 주지 않았다. 연출부 형님이 나를 흘깃 쳐다보고는 자리를 옮겼다.

카메라 위치를 결정하자 조명팀이 반사판을 설치했다. 몇 번의 리허설이 끝나고, 드디어 첫 촬영을 시작했다. 조감독의 "레디" 소리에 카메라 주위는 모두 긴장 상태가 되었다. 오른쪽 눈으로 뷰파인더를 보고 계시는 촬영감독부터 포커스를 조작하려고 포커스 플로어를 오른손으로 잡고 있는 촬영부의 퍼스트, 조명 반사판을 배우에 맞추고 있는 조명팀, 긴 장대 모양의 피시 폴을 이용해 마이크를 배우의 머리 위에 정확히 위치시키는 붐 맨, 헤드폰을 쓰고 녹음기와 믹서를 조작하는 녹음기사까지 각자의 자리를 지키고 있었다. 곧이어 이영길 기사님의 "조용!"이라는 우렁찬 목소리가 들려왔다. 기어다니는 개미도 조용히 다닐 듯한 분위기였다. 감독의 액션 사인이 떨어지기 전까지 나는 극도의 긴장감에 숨도 제대로 쉬지 못할 정도였다.

감독의 액션 사인 소리에 배우는 미리 정해진 동선에 따라 몸을 움직이고, 카메라는 보조 출연자들 사이의 주연 배우들을 따라 움직였다. 붐 맨은 배우의 대사를 수음하기 위해 그들의 움직임에 포커스를 맞추면서도 마이크가 카메라 앵글에 나오지 않게 위치를 이동했다. 이후 감독의 컷 소리를 듣고 그제야 숨을 돌릴 수 있었다. 당시만 해도 화면을 확인하는 모니터나 녹음되는 소리를 듣는 모니터 헤드폰이 없었기에 화면은 촬영감독에게, 소리는 녹음기사에게 의존했다. 그러다 보니 긴장감이 더 심했을 수도 있다.

포커스가 맞지 않는다거나 화면에 마이크가 등장하면 촬영감독은 가차 없이 엔지를 낸다. 잡음이 들어와 배우의 대사를 방해하면 녹음기사 또한 가차 없이 엔지를 낸다. 엔지를 낸 후에는 야단이 이어지니 분위기는 더욱 긴장된다. 당시에는 필름 현상을 할 때 오케이가 된 부분만을 현상하는 게 아니라 모든 부분을 다 현상해야 했기 때문에 엔지가 나면 곧 제작비가 상승하는 것이나 마찬가지였다.

지금 생각해 보면 당시에는 촬영감독의 눈에 화면을, 녹음기사의 귀에 소리를 전적으로 맡겨야 했다. 그렇기 때문에 배우들이 연기하는 모습을 보며 화면에 그들이 어떻게 나올지를 머릿속으로 상상하며 온 신경을 기울여야 했다. 이처럼 영화 현장은 모든 분야가 합심해서 움직이는 곳이다.

이날은 첫 촬영이었던 만큼 내가 현장에서 할 수 있는 일은 그다지 많지 않았다. 그저 현장을 보며 윗사람들이 시키는 잡

일을 하고, 붐 맨 형님이 쉴 때 붐을 잡고 있는 것이 전부였다. 촬영 중간중간 바로 위의 선배가 다른 부서의 선배들에게 나를 소개했다. 나는 깍듯하게 인사를 드렸다. 당시엔 선후배 사이가 엄격해서 담배도 숨어서 피워야 했다. 현장에서 나와 같은 막내들은 모두 숨어서 담배를 피웠기 때문에 그들과 대화 정도는 할 수 있었다. 촬영 일정을 모두 마치고 장비를 정리하고 있는데, 스크립터가 와서 녹음 기록장과 스크립트 페이퍼에 기록한 것을 대조했다.

작업이 끝나고 모든 녹음 장비를 정리해서 버스에 실었다. 아침에 버스에 장비를 실을 땐 몰랐는데 촬영부서가 카메라 장비를 먼저 싣고, 녹음 장비는 나중에 실어야 했다. 녹음실에 도착해서도 짐을 내리는 것은 나와 바로 위 선배의 몫이었다. 녹음실에 들어서자 퍼스트 형님은 이날 사용한 녹음테이프를 아카이 녹음기로 리와인드 하기 시작했다. 기사님은 나에게 장비 개수가 맞는지 확인하라고 지시하셨다. 장비를 하나하나 확인해서 제자리에 가져다 놓고 난 후에야 허리에 차고 있던 벨트 가방을 벗을 수 있었다.

(2) 남산 적십자 옆 영화진흥공사, 여관방 세트 촬영

당시에는 남산의 드라마센터(서울예술대학) 옆 한양스튜디오 건너편에 영화진흥공사가 있었다. 세트장은 그 건물 지하에 있었다. 촬영 전날, 장비를 모두 세트장에 가져다 놓았다. 세트장은 70평쯤 되는 넓이에 천장이 2층 정도의 높이였고, 들어가는 문은 두께가 두껍고 높이가 3~4미터 정도였다. 안에서는 벌써 조명팀이 조명기를 설치하는 중이었다. 맞은편에는 보통 크기의 문이 있었고, 그곳으로 나가면 복도를 따라 배우들이 분장하는 방이 두 개 있었다. 방 옆으로는 화장실이 있고, 그 옆으로 위층으로 올라가는 계단이 있었다.

세트장 바닥은 콘크리트로 되어 있었다. 방 안 세트에는 '니주(にじゅう, 二重)'라고 불리는 나무로 된 바닥이 깔렸고 합판으로 벽이 만들어졌다. 벽은 긴 각목이 지지하고 있었다. 주변에는 나무를 자를 때 생긴 톱밥이 여기저기 쌓여 있었다.

천장을 쳐다보니 '아시바(あしば, 足場)'들이 보였다. 아시바는 세트장 내 구조물 위로 사람이 걸어 다닐 수 있게 사다리 모양으로 만들어 놓은 발판으로 조명을 설치할 때 사용한다. 천장에 부착된 동아줄에 매달린 아시바는 2미터 높이의 세트 벽을 따라 놓여 있었다. 그곳에 조명팀이 '요소'라고 불리는 텅스텐 조명을 여기저기 설치하고 있었다. 안을 들여다보니 여관방 내부를 그대로 옮겨다 놓은 듯했다. 세트장의 커다란 문은 방음 처리가 되어 있어서 문을 닫으면 외부의 소음들이 차단되고 구석진 곳에서의 작은 소리까지 들릴 정도로 조용해졌다. 녹음팀이 군용 모포를 펼치더니 철사로 꿰매기 시작했다. 방 크기로 넉 장을 꿰매고 모서리 부분을 노끈으로 묶어 방 천장을 덮는 용도로 사용했다. 방 안에서의 대사가 천장을 타고 세트장 안에 울리면 그 울림이 녹음될 수 있기 때문이라고 하셨다.

세트장 안에서는 접이식 사운드 테이블의 위치도 고정한다. 한

번 자리를 잡으면 세트에서 철수할 때까지 그 자리에 둔다. 마이크 케이블도 아시바 위에 올려두면 붐 맨이 끝부분만 가지고 위에서 이동하며 사용한다. 카메라 크레인 설치로 세트 벽을 분리할 경우, 조명의 이동이 있을 때, 또는 아시바 위에서 내린 마이크 케이블이 걸렸을 경우를 제외하곤 내가 하는 일은 거의 없다. 간혹 붐 마이크를 움직임 없이 지향만 해야 하는 일이 생기면 그 일을 맡을 뿐이다. 붐 맨처럼 양팔을 머리 위로 올려 붐을 드는 일이 아니다. 붐 아랫부분을 발등 위에 올려놓고 마이크 끝부분을 얼굴 앞쪽에 위치시킨 후, 지시한 방향으로 맞추어 놓는 일에 불과하다. 마이크가 내 얼굴 앞에 놓이자 귀가 예민해져서인지 그 전에는 들리지 않던 코로 숨 쉬는 소리가 들리기 시작한다.

그리고 얼마 후 주인공으로 나오는 두 배우의 대화 장면에서는 보조로 마이크를 잡는 기회가 몇 번 생겼다. 카메라의 동선 때문에 여관방 세트의 한쪽 벽을 허물어야 했다. 이동차를 설치해서 카메라가 이동하며 두 배우의 대화 장면을 촬영하고, 그에 맞는 조명을 설치했다. 몇 번의 테스트를 한 다음 촬영에 들어갔다. 세트장 안은 온통 두 배우의 대화 소리만 들릴 뿐 잡음이라고는 찾아보기 힘들 정도였다.

여관방 세트 작업에서 가장 힘든 부분은 남녀 배우의 베드 신 촬영 중에 일어났다. 감독부터 촬영감독, 연출부, 배우들까지 모두 신경이 곤두서 있었다. 촬영팀, 조명팀, 녹음팀 등 각 팀의 퍼스트들만 현장 주변에 있을 수 있었고, 나머지는 베드 신이 끝날 때까지 멀리 떨어져 있어야 했다. 바로 위 선배가 나에게 아시바 위로 올라오라고 했다. 일을 배우려면 어떤 경우라도 바로 옆에서 다 겪어야 한다고 했다. 아시바 위에서 베드 신을 촬영하는 것을 보면서 배우와 눈이 마주치기도 했는데, 여간 어색한 것이 아니었다. 숏이 진행되고 있는 상황에서는 기침이 나와도 꾹 참아야 했고, 자세가 불편해도 움직이지 못해서 많이 고통스러웠다.

촬영이 끝나고 각 팀의 막내들과 팀원들이 이야기하는 것을 들었다. 배우들의 호흡에 관한 이야기였다. 흐느끼는 연기를 하면서도 대사를 전달하는 강수연 배우와 격한 호흡을 하면서도 대사를 전달하는 문성근 배우에 관한 이야기였다. 그들은 두 배우의 연기에 관한 논쟁을 벌이고 있었다. 서로 다른 주장을 하고 있었지만 결국 각 팀 막내들이 그곳에서 모두 긴 고통의 시간을 인내하고 있었다는 것은 틀림없었다. 연출에 의한 것인지는 몰라도, 촬영이 진행되는 동안 배우의 연기와 호흡이 더 진지하게 느껴졌다. 이 장면의 경험을 통해 현장에서 직업의식을 가지고 일을 해야 한다는 교훈을 얻었다.

(3) <경마장 가는 길>의 사용 장비와 녹음 작업

<경마장 가는 길>에서 사용한 녹음기인 나그라 IV-S는 릴 투릴(Reel-To-Reel) 방식의 녹음기다. 7과 1/2인치 릴을 장착해서 사용하였으며, 하나의 릴은 30분간 녹음할 수 있었다. 한 테이크의 길이는 40초에서 1분 정도이며, 여러 번 촬영하기 힘든 베드신의 경우는 2분에서 3분 정도 길이였다. 카메라의 매거진(카메라의 필름을 넣는 곳으로 400자 롤을 주로 사용)에는 4분 정도의 영상을 저

장할 수 있었다. 낮 신만 있는 경우는 한 개에서 한 개 반 정도를 사용하는데, 30분에서 45분 정도의 녹음 분량이다.

2000년대 중반을 전후로 영화 현장에서 사용하는 장비들은 아날로그에서 디지털로 바뀌기 시작했다. 현재는 현장에서 아날로그 방식의 장비를 찾아보기 어렵다. 소리를 저장하는 방식도 릴 투 릴에서 DAT 테이프나 CD, DVD로, 이어서 하드 디스크, 메모리 카드로 발전했다.

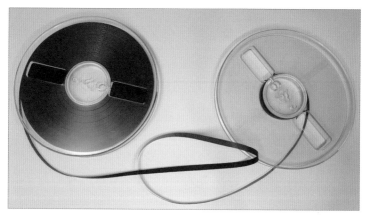

[사진-62] 릴 투 릴. 마그네틱 테이프가 감겨 있는 릴에서 비어 있는 릴로 가기 때문에 릴 투 릴이라는 용어를 쓴다.

[사진-63] 릴 테이프

릴 테이프는 음악 녹음용과 대사 녹음용으로 나뉜다. 보관용 상자에 붙어 있는 번호에 따라 결정한다. 음악용은 얇아서 여운의 소리가 생긴다. 대사 녹음용은 두꺼워서 여운의 소리가 없다. 아날로그 녹음기인 나그라의 경우 초기에는 테이프 한 면을 전부 소리를 녹음하는 면으로 사용했다. 지금은 두 개 이상의 트랙을 가진 휴대용 녹음기가 있어서 여러 개의 마이크를 사용할 때 각각 독립된 트랙에 저장할 수 있다.

믹서는 4채널 믹서를 사용하였다. '필드 프로 사운드 코퍼레이션 4채널 오디오 믹서(Field Pro Sound Corporation 4 Channel Audio Mixer) PSC-MX-4S'라는 이름을 가지고 있고, 나그라 녹음기를 올려놓고 사용할 수 있다. 녹음기와 믹서를 동시에 넣을 수 있는 가방을 배낭처럼 만들어 메고 다닐 수 있다.

방화동 촬영 현장에서는 주연 배우 둘이 걸어오면서 대화하는 장면을 촬영했다. 자동차 통행량이 많은 도로 옆이라 자동차 소음이 시끄럽다 보니 배우들에게 무선 시스템인 라발리에를 장착했다. 붐 마이크와 무선 시스템 2조를 사용해서 총 3개의 입력이 필요했다. 녹음기에는 두 개의 마이크 입력단자가 있다. 믹서에는 총 4채널의 입력단자가 있는데 왼쪽과 오른쪽 두 방향으로 출력했다. 기사님께서는 왼쪽 채널에는 붐 마이크의 소리가 녹음되고 오른쪽 채널에는 두 명의 배우에게 부착한 무선 시스템의 소리가 녹음된다고 하셨다.

믹서의 채널에는 팬 포트(Pan Port)라는 스위치가 있어서, 사용하는 채널의 소리를 왼쪽이나 오른쪽 중 어느 쪽으로 보낼지 결정할 수 있었다. 채널별로 고음, 중음, 저음의 이퀄라이저가 달려서 배우의 목소리가 왜곡되지 않게 주변 소음의 고음과 저음을 조절할 수 있다. 기사님은 사용하는 채널의 볼륨은 적정 지점에 고정해 놓고 라발리에 무선 시스템을 사용하는 두 채널의 볼륨을 조절하셨다. 만약 대사가 없는 배우의 볼륨을 올려놓으면 주변 소음이 같이 녹음되고 혹시 모를 잡음이 들어올 수 있기 때문이라고 알려 주셨다.

이 영화를 작업하면서 영화든 방송드라마든 배우들의 대화 장면에서는 대사를 맞물리지 않게 해야 한다는 것을 배웠다. 현실에서는 상대방이 나에게 말을 하고 있을 때라도 말을 할 수 있는데, 영화 작업은 그렇지 않았다. 두 배우의 대사가 겹쳐진 소리는 현실과 달랐다. 막상 들어보면 무슨 말을 했는지 알아듣기 어려웠다. 이렇게 되면 편집할 때도 문제가 발생한다고 했다.

나그라 녹음기만 사용하는 경우 볼륨을 약간만 올려도 소리가 갑자기 증폭한다. 그러므로 볼륨을 조절하는 것보다는 왜곡되지 않는 기준에 맞추어 놓고 녹음을 하는 게 편리할 수 있다. 예를 들어 배우가 대사를 작게 하는 경우 볼륨을 올려서 대사가 들리게 녹음을 해야 하는데, 이어서 목소리를 크게 내야 하는 상황이 생기면 미리 볼륨을 내려서 소리가 깨지는 현상을 막아주어야 한다. 이 경우 큰 소리의 대사가 나오기 전 미리 볼륨을 내릴 때 앰비언스의 소리가 변하기 때문에 볼륨 조절이 어렵다. 믹서를 사용하면 믹서의 레벨을 녹음기의 기준 레벨에 맞추어 놓고 믹서의 볼륨을 조절하면서 소리의 깨짐 현상이나 왜곡을 피할 수 있다.

(4) "스피드(Speed)"와 함께 시작하는 영화 촬영

영상을 기록하는 필름 카메라는 '퍼포레이션(perforation)'이라는 필름 가장자리의 작은 구멍이 필름을 24프레임 정속으로 맞춰주는데, 현장에서 쓰는 녹음기는 퍼포레이션 없이 모터의 속도가 24프레임에 해당하는 속도로 회전한다. 나그라에 보면 파일럿이라는 스위치가 있다. 이 스위치가 작동하면 정속(24프레임)으로 녹음기의 모터가 회전한다는 신호다. 현장에서 붐 맨이 외치는 "스피드"라는 소리는 녹음기가 카메라와 동기화했다는 신호이다. 물론 녹음기의 스위치를 보는 건 녹음기사인데 어떻게 붐 맨이 스피드라고 외치는지 의문이 들 수 있다. 녹음기사는 카메라와 떨어진 곳에 자리를 잡고 녹음기와 믹서를 조작한다. 따라서 카메라 주변에 있는 조감독, 촬영감독, 배우 등이 듣도록 카메라와 가까운 거리에 있는 붐 맨이 녹음기사의 사인을 듣고 "스피드"를 외치는 것이다.

녹음기사는 "사운드"라는 외침에 녹음기의 작동을 시작한다. 녹음기가 이상 없이 작동하면 붐 맨에게 신호를 하고, 붐 맨은 "스피드"라고 외친다. 그러면 붐 맨의 사인을 들은 조감독은 "카메라"를 외친다. 촬영 퍼스트는 카메라의 스위치를 켜고 이상 없이 카메라가 작동하는지 확인한다. 카메라가 24프레임으로 정상 작동을 하면 "삐" 하는 전자음과 함께 스위치 옆의 작은 램프에 불이 들어오는데, 이때 다시 "롤"이라고 외친다. 다음으로 조감독이나 감독이 "액션"이라고 외치면 배우가 연기를 시작한다.

릴 테이프나 필름이 정상적인 속도를 내는 데에는 몇 초간의 시간이 필요하다. 녹음기나 카메라의 롤에 감긴 필름으로 되어 있는 저장 장치가 올바른 위치에 자리를 잡기 위해서다. 또한 이 두 장비의 모터가 정상 속도를 내기 위해서다. 자동차를 예로 들어 설명하면 시속 100킬로미터의 속도를 내기 위해서는 얼마간의 시간이 필요하고, 반대로 100킬로미터의 속력으로 달리던 차도 바로 정지하지 못하고 몇 초간의 제동 거리가 필요한 원리와 같다.

2) <하얀전쟁>(정지영, 1992)
: 붐을 드는 자세와 후반 녹음 작업을 배우다

(1) 비 오는 날 저녁 독립문 금호아파트 촬영 현장

허름한 아파트의 외경 촬영과 아파트 복도를 촬영하는 현장으로, 아파트 내부는 세트에서 촬영했다. 한기주(안성기)와 변진수(이경영)가 한기주의 아파트 복도에서 만나는 장면으로, 한기주를 찾아온 변진수가 문 앞에서 신문지를 덮어쓰고 쪼그려 앉아 있었다.

비가 오는 장면이라 화면이 보이는 곳에 소방차로 물을 뿌렸는데, 11월이라 날씨가 추웠다. 녹음 테이블에는 파라솔을 설치했고, 제작부에서 준비한 롤 비닐로 파라솔 외벽을 만들어 녹음 테이블과 녹음기사가 들어갈 정도의 작은 텐트를 만들었다. 돌돌이에 감긴 듀플렉스 케이블은 끝까지 풀어서 사용했다. 마이크 케이블은 날씨가 추워서 평소보다 딱딱해져 있었고 케이블에 묻은 물이 얼어붙기까지 했다. 가지고 다녔던 WD-40이라는 녹 제거용 스프레이를 면장갑에 뿌려서 라인을 닦기 시작했다. 딱딱함이 덜해지고 얼음이 떨어지기는 했으나, WD-40에는 고무를 녹이는 성분이 들어있어서 쉬는 날 녹음실에서 장비를 점검하면서 두세 번 정도는 닦아야 했다. 듀플렉스 케이블은 돌돌이에 감았다 풀었다 하며 사용하면 됐지만, 싱글 라인은 손에 익숙해질 때까진 쉽게 엉켰다. 녹음팀 선배가 왼손잡이라 오른손잡이인 나와 선을 같이 정리하다 보면 서로 반대 방향으로 감아서 선이 항상 엉키곤 했다.

밤 촬영에 비가 오는 신은 신발이 물에 젖어서 가장 힘든 작업이기도 했다. 지금처럼 방수가 되는 등산화나 보온 부츠도 없던 시절이었다. 등산 바지나 보온이 되는 패딩 등 방한복 또한 보편화되어 있지 않았던 때였다. 그래서 동대문시장이나 남대문 시장에서 군고구마 장수 바지를 사 입어야 했다. 마이크를 둘러싼 윈드스크린에 떨어지는 빗방울 소리를 없애기 위한 레인 커버가 따로 없었기에 천막 천을 윈드스크린 모양으로 제작한 것을 사용했다.

장비 박스는 따로 비닐을 덮어 두어야 했다. 밤 촬영 시작 때부터 동이 틀 무렵까지, 박스를 덮어 두었던 비닐에는 이슬이 얼어붙어 투명한 비닐이 반짝이는 금박지처럼 변해 있었다. 그렇기 때문에 밤 신을 촬영할 때는 계절에 상관없이 이슬과 습기에 대비해 방수 천이나 모포로 장비를 보호해야 한다.

(2) 영화진흥공사 세트장, 한기주의 아파트 내부와 선술집 촬영

식탁에 앉아 된장국과 밥을 먹던 한기주는 창밖의 인기척에 창을 바라본다. 이영길 기사님께서 깍두기나 총각무가 있으면 좋겠다고 하셨다. 깍두기나 총각무는 씹을 때 소리 표현이 잘 되기 때문이란다. 준비된 게 없어서인지 아니면 감정에 영향을 받기 때문인지 조감독이 밥 먹는 소리만 나도 된다고 이야기하는 것 같았다. 약간의 실랑이 끝에 안성기 배우가 국에 말아 넣은 밥을 소리가 나도록 먹겠다고 한 것이 기억난다. 후루룩 소리를 내면서 정말 맛있게 식사했다. 오케이 사인이 나자 기사님이 혼잣말로 외국에는 없는 한국의 소리가 총각무나 깍두기 씹는 소리라고 하신다.

다음 장면은 라면을 먹고 있는 변진수와 한기주가 소주를 마시는 장면으로 반찬은 김치 하나다. 이 신에서도 라면을 먹으며 '후루룩'하는 소리와 깍두기나 총각무를 '으적으적' 씹는 소리를 원했지만, 신의 감정에 영향을 받아서인지 라면 먹는 소리만 '후루룩' 났다. 세트 촬영이다 보니 변진수의 음성이 세트장에 울리는 소리와 섞였다.

다음은 열댓 명 정도의 주·조연 배우들이 함께 대화하며 술을 먹는 장면이다. 직사각형 모양의 상을 두 개를 길게 합쳐놓았다. 카메라와 가까이 있는 배우에게는 선배들이, 카메라와 멀리 있는 곳의 배우에게는 내가 마이크를 위치시키는 일을 했다. 나의 경우 아시바에 올라가 붐 마이크를 배우 머리 위로 위치시키면 되었다. 겨울임에도 불구하고 아시바 위는 조명의 열기로 인해 따뜻했다. 내가 앉아 있는 곳 아래로 배우들이 상의 양쪽에 앉아 있는 모습이 보였다. 배우들이 있는 방으로 선배가 붐 마이크를 가지고 들어오더니 위에 있는 나에게 잡으라고 하면서, 내 왼쪽으로 보이는 배우를 향해 방향을 맞춰놓으라고 알려주었다.

처음 테스트를 할 때는 붐을 길게 빼지 않고 방향만 맞추고 있었다. 선배가 마이크를 내려 대사하는 배우 머리 위 얼굴 앞으로 방향을 맞춰놓았다. 붐을 길게 뽑지 않고 위치시키는 바람에 짧게 잡았고 지지대 역할을 해주는 팔에 힘이 많이 들어갔다. 처음에는 그럭저럭 버텼으나, 지지대 역할을 하는 팔과 손에 힘이 빠지기 시작했다. 이마와 얼굴에는 땀이 나기 시작했다. 시간이 흐를수록 땀이 비 오듯 했다. 결국에는 팔의 힘이 빠지면서 팔이 덜덜 떨리더니 마이크가 달린 부분이 요동치기 시작했다. 다행히 아시바 위의 조명 팀원이 아시바 아래로 발을 뻗어 지지대 역할을 해 주어서 오케이 사인이 나기까지 별문제 없이 버틸 수 있었다. 일이 끝나고 아시바에서 내려오니 입고 있던 옷이 찜질방에 있다 나온 듯 온통 땀에 젖어있었다.

붐 끝에는 쇼크 마운트라고 하는 충격 완화 장치에 마이크가 끼워져 있다. 충격 완화 장치는 고무줄 사이에 마이크를 끼워 넣는 구조로 이루어져 있다. 붐에서 전달되는 진동과 마이크를 떨어뜨려 놓아야 해서 고무줄은 질기면서도 부드럽다. 그만큼 작은 진동에도 소리는 영향을 받는다. 이 장면을 촬영한 후에 기사님께서 편한 자세를 하고 붐을 들어야 마이크도 안정되고 붐을 드는 사람도 힘이 덜 들어간다고 말씀해 주셨다. 내가 힘든 자세로 붐을 잡으면 힘이 빠지면서 몸을 떨게 되고, 그 떨림이 마이크에 그대로 전달된다는 것이다. 이날을 계기로 30킬로그램의 역기를 들고 매일 팔굽혀 펴기를 하며 어깨와 팔의 힘을 기르기 시작했다. 팔의 힘을 기르기 위해 운동을 하는 내게 붐 맨인 선배가 팔의 힘도 중요하지만, 요령이 어느 정도 생기면 팔보다는 허리의 힘으로 드는 걸 깨닫게 될 거라고 조언했다.

(3) 용산 성당 촬영

용산 성당 정문으로 들어서면 넓은 마당을 지나서 계단을 내려가야 미사를 드릴 수 있는 성전이 나온다. 계단 초입 왼쪽으로는 오래된 나무가 커다란 그늘을 늘어뜨린 채 서 있었다. 여기에서 한기주가 변진수를 총으로 쏘는 장면을 촬영했다. 용산 성당은 언덕에 위치한 성당이라 한강이 한눈에 들어왔다. 성당으로 가는 길가에는 키 작은 집들이 나란히 들어서 있고, 몇몇 구멍가게 진열대에는 불량식품이라 불리는 간식들이 어지럽게 놓여있었다. 용산 성당 앞 도로는 지나다니는 행인들과 행상들로 시끌벅적했다. 촬영이 진행되는 곳은 성당 안 넓은 마당이었다. 나에게 주어진 역할은 성당 앞마당에서 뛰어노는 아이들의 시끄러운 소리를 막는 일이었다.

이 장면에서는 영화의 내용상 배우들의 감정이 중요했다. 녹음을 위한 소리도 중요했지만, 배우들이 감정에 집중할 수 있도록 주변을 조용하게 만드는 것이 무엇보다 중요했다. 따라서 나뿐만이 아니라 제작부장과 몇몇 스태프들도 현장 통제 업무에 투입되었다.

(4) <하얀전쟁>의 믹싱 작업

<하얀전쟁>은 베트남전을 소재로 한 영화이기에 한국에서 촬영한 분량과 베트남에서 촬영한 분량으로 나뉘었다. 베트남 촬영은 한 달에서 한 달 반 정도의 기간이 소요되었지만, 녹음팀 막내인 나는 베트남 촬영에서 제외되었다. 베트남으로 떠난 녹음 스태프들이 돌아올 때까지 나는 한양스튜디오에 출근하라는 기사님의 명을 받아 후시 녹음을 돕게 되었다. 후시 녹음은 현장에서 녹음된 소리 없이 작업이 진행된다. 당시 후시 녹음 작업의 진행 과정은 다음과 같다.

후시 녹음은 '전체 보기 - 대사 녹음 - 효과 녹음 - 음악 녹음 - 믹싱'의 순서로 이어진다. 한 편의 영화는 총 네 권에서 다섯 권의 롤로 이루어지는데, 한 권의 길이는 25분에서 30분 분량이다. 16밀리 필름으로 프린트된 영상은 '러시(rush)'라고 부른다.

'전체 보기'는 감독, 믹싱기사, 효과기사, 제작부장, 음악감독 등이 참여해 영화를 처음부터 끝까지 시사하며 생 효과로 들어갈 소리, 테이프 효과로 들어갈 소리, 음악이 들어갈 부분 등을 정리하는 자리이다. 각 분야의 기사들이 메모할 때는 팔다 남은 영화 티켓 뒷면이나 달력을 메모할 수 있게 잘라둔 이면지를 사용하기도 한다.

'대사 녹음'은 대사의 양에 따라 이틀에서 사흘 정도의 시간이 걸린다. 당시만 하더라도 개봉일이 촉박한 영화의 경우는 이틀 밤낮으로 일을 하기도 했다. 효과 녹음은 생 효과와 테이프 효과를 같이 진행하는 데 하루를 넘기지 않는다. 음악 녹음의 경우도 작업하는 시간이 하루를 넘기지 않는데, 필요에 따라서는 믹싱 작업을 할 때 음악을 만들어 동시에 진행하기도 한다.

'대사 녹음' 작업 때는 성우들이 녹음에 참여한다. '대사 룸'이라고 불리는 방 안에 성우 여러 명이 들어가 제스처를 취하며 대사를 한다. 하나의 마이크를 사용해 번갈아 가며 녹음하는 방식이어서 한 사람이 틀려도 오케이가 난 부분까지 영사기의 필름을 되돌려 녹음을 다시 해야 한다. 숙련된 이들이라 능숙하게 진행한다. 스크린 앞에 선 성우들의 대사 연기가 화면 속 배우들의 연기보다 더 훌륭하게 느껴질 정도이다.

더빙이 끝나면 효과를 하기 위한 작업을 시작하는데, 이 작업은 믹싱 룸에서 이루어진다. 효과 룸 안에는 극장에서 볼 수 있는 대형 스크린을 통해 영상을 본다. 감독과 믹싱기사, 조감독, 제작부장 등은 믹싱 콘솔과 16밀리 마그네틱 필름 녹음기, 이불장만 한 스피커가 있는 믹싱 룸에서 시사한다. 효과 룸에선 효과기사가 화면을 보며 A4용지에 효과 순서를 적는다. 믹싱 룸 안에서는 테이프 효과 작업을 하는 기사도 필요한 효과 목록을 기록한다. 감독과 믹싱기사는 화면에 대한 소리를 어떻게 할지 대화를 나눈다.

효과는 생 효과와 테이프 효과로 이루어져 있다. 생 효과는 발소리나 옷 스치는 소리, 테이블에 술잔 놓는 소리, 주먹으로 사람을 치는 소리 등 배우가 연기할 때 날 만한 소리를 직접 몸으로 만드는 작업이다. 배우의 감정에 따라 강약 조절을 하면서 소리를 만들어야 한다. 가령 테이블에 술잔을 놓는 장면이라면 배우가 화가 나서 내려놓는 것인지 아니면 조심스럽게 내려놓는 것인지에 따라 생 효과도 달라진다. 테이프 효과는 자동차나 비행기 소리 등 이미 녹음된 소리를 사용한다. 테이프 효과기사는 필름에 표시해 둔 펀치 구멍을 보며 릴 테이프를 플레이하는 작업을 한다. 이것은 효과 소리가 들려야 하는 장면이 있으면 영상 필름의 해당 장면 위치에 구멍을 뚫어 표시하는 작업이다. 소리가 들려야 하는 위치에 17초 정도의 길이인 필름 한 자 뒤에 두 개의 구멍을 뚫고, 또 그 자리에서 한 자 뒤에 한 개의 구멍을 뚫어 표시해 둔다.

일손이 부족할 때는 영사기사가 함께 생 효과 작업에 참여하기도 한다. 2000년대 초까지 현장 녹음 없이 촬영만 하는 후시 영화를 간혹 제작했는데, 이 경우 한양스튜디오에서 후시 녹음을 했다. 나도 현장 녹음이 없는 날이면 항상 후시 녹음에 참여했다. 그러면서 화면이 주는 느낌을 표현하는 소리가 무엇인지 체득할 수 있었다.

3) <첫사랑>(이명세, 1993) : 영상의 화각 알아가기

<첫사랑>은 처음부터 콘티에 그림이 완벽하게 그려져 있는 영화였다. 벽제 세트장 안에 작은 마을을 만들어 놓고 저녁부터 밤, 날이 밝아오는 장면까지 한 번에 촬영하기 위해 반나절 동안 조명을 설치한 날이었다. 저녁 신을 촬영할 때 아이들이 폭죽을 터트리며 노는 소리를 담을 때 담벼락에 숨어서 마이크를 지향해야만 했다. 내 모습이 카메라에 노출될까 걱정되어 긴장감이 더해

졌다. 그때 기사님이 마이크를 가지고 일을 할 때 주의해야 할 몇 가지 사항을 이야기해 주셨다 긴장감과 집중력이 필요한 작업이라는 것을 처음으로 느낀 날이었다.

　담배 피우는 장면과 관련해 기억나는 일도 있다. 배우가 피우는 담배 연기를 따라 카메라가 이동해야 하는 부분이 있었다. 담배 연기가 흩어지는 장면을 영상에 담는 데에 많은 시간이 걸렸다. 카메라는 담배 연기를 지나 교실에 앉아 있는 학생들의 모습을 담는다. 학생들의 모습이 보이기 시작하면 그제야 배우들의 대화하는 소리가 들리기 시작한다. 붐 맨은 배우들이 대화하는 곳에서 붐 마이크를 들고 있다. 보통 현장에서는 뒤에서 작업하는 스태프에게는 시선이 가지 않는다. 하지만 담배 연기는 작은 움직임에도 흐트러지기 때문에 이런 장면에서는 카메라 주변은 물론이고 세트장의 스태프 모두가 꼼짝도 하지 않아야 한다. 시선이 가지 않는다고 해도 각자 맡은 자리에서 자기의 역할을 하는 것이다.

　소리를 내면 안 된다는 긴장감이 이어진 촬영이 끝나고 잠시 쉬는 시간이 있었다. 쉬는 시간이라기보다는, 사실상 다른 장면을 촬영하기 위해 구조물의 벽을 '텐캉(てん-かん, 転換)'하는 동안 기다리는 것이었다. 텐캉이란 세트장 안에 만들어진 촬영용 가설물(촬영이 용이하게 나무판자와 각목을 이용해서 방 안이나 창고와 같은 실내를 만든 것으로, 좁은 구조의 방이라도 쉽게 벽을 철거하거나 원상 복구할 수 있다)을 변경하거나 해체하는 것을 가리키는 용어로 현장에서 사용하는 일본어의 잔재이다. 텐캉을 할 때면 각 팀이 세트장 한 곳에

장비를 모아두고 휴식 시간을 가진다. 그럴 때면 카메라 장비를 놔둔 곳에서 다양한 렌즈와 카메라 루페(확대경)를 보며 화각을 어느 정도 익힐 수 있었다. 당시에는 촬영감독과 감독, 촬영 퍼스트 외에는 촬영 중에 그 누구도 카메라를 볼 수 있는 권한이 없었다. 때문에 화면의 화각을 알기 위해서는 자신이 작업에 참여한 영화를 극장에서 보거나 비디오로 보면서 화면이 어떻게 나오는지 관찰하는 방법밖에 없었다.

촬영하는 공간은 입체적이지만 극장의 스크린으로 보는 화면은 평면으로 보인다. 카메라 속에 담긴 공간에 배우가 어떤 비율로 표현되는지를 알아야 붐 마이크를 위치시키기 편하므로 녹음을 공부하려면 화각을 알아야만 했다. 기사님은 녹음을 공부할 때 가장 좋은 방법은 작품성 있는 영화를 많이 보는 거라고 말씀해 주셨다. 처음에는 화면만 보고, 그다음에는 소리만 듣고, 마지막에는 화면과 소리를 다 켜놓고 보면 공부하는 데 도움이 많이 된다고 하셨다. 소리를 끄고 화면만 보면, 화면에 어떤 소리가 들어가야 할지 머릿속으로 상상이 된다. 다음으로 소리만 들으면 실제 화면보다 더 웅장한 상상을 할 수 있게 된다. 마지막으로 화면과 소리를 함께 감상하면, 화면만 봤을 때 들었던 기대감이나 소리만 들었을 때 부풀어 오른 상상이 사각형의 스크린 안에 어떻게 펼쳐지는지 확인할 수 있다.

한 편의 영화를 여럿이 함께 관람하더라도 바라보는 시선이나 생각이 각자 다르기 때문에 모두 다른 느낌을 받는다. 예를 들어 수업에서 여러 명의 학생에게 똑같은 녹음기와 마이크를 주고,

공원에 있는 분수 소리를 녹음해 오라고 하면 모두 다른 소리를 녹음해 온다. 어떤 학생은 분수의 물을 뿜어내는 부분에, 어떤 학생은 물이 떨어지는 부분에 집중해 소리를 녹음한다. 그런데 화각을 공부하면 화면에 노출되지 않는 범위에서 마이크를 음원에 얼마나 가까이 위치시킬 수 있는지 알 수 있다. 촬영팀에서 가지고 다니는 렌즈 박스 안에는 85밀리, 50밀리, 32밀리, 24밀리, 18밀리 렌즈가 기본으로 들어있고, 경우에 따라서 줌 렌즈가 있을 때도 있다. 나는 렌즈에 따른 화각을 다음과 같이 메모지에 적어서 가지고 다녔다. 카메라의 1미터 앞에 사람이 서 있을 경우, 85밀리는 사람의 얼굴만 화면에 크게 나온다. 50밀리는 머리부터 어깨까지, 32밀리는 머리부터 가슴까지, 24밀리는 머리부터 허리까지, 18밀리는 머리부터 무릎까지 화면에 나온다.

다시 한번 강조하면 렌즈의 화각을 알아야 붐 마이크를 어디에, 어떻게 위치시킬지 알 수 있다. 화각을 모르고 붐을 들게 되면, 붐 맨도 화면에 노출될 수 있다. 예컨대 배우의 얼굴 클로즈업을 촬영하는데 불필요하게 붐을 길게 빼서 위치시킨다든지, 전체 공간과 배우들의 연기 동선을 촬영하는데 대사를 하는 배우에게 붐 마이크를 위치시킨다든지 하는 실수를 하게 된다. 화면에 붐 맨이나 붐 마이크의 그림자가 노출되면 촬영감독에게 야단을 듣는 경우도 생긴다.

4) <화엄경>(장선우, 1993) : 조수의 역할을 숙지하다

<화엄경>은 <첫사랑>보다 야외 촬영이 많은 영화였다. 전국을 돌아다니며 촬영을 진행했다. 이 영화는 <첫사랑> 같은 그림 콘티가 아닌, 시나리오의 촬영할 부분을 복사해서 주는 글 콘티 방식으로 작업했다. 장선우 감독님은 유영길 촬영감독님과 상의해서 어떤 느낌으로 촬영하자는 말씀만 하실 뿐이었다. 화면에 대한 모든 것은 촬영감독님이 결정했다. 이 경우 포커스를 담당하는 사람과 붐을 담당하는 사람도 촬영감독의 느낌에 의존해 일을 해야 하기 때문에 어려운 작업이 된다.

야외 촬영을 할 때 대사는 많지 않았다. 어린 소년이 멀리서 소를 타고 다가오는 장면이나, 등장인물이 눈 내리는 산을 걸어 내려오는 모습 같은 몽타주 형식의 장면이 많았기 때문이다. 시나리오만 보고 화면을 만들어내는 작업이었기에 촬영감독님이 어떻게 화면을 지문에 일치시키느냐가 중요한 작업이었다. <화엄경>을 촬영할 때는 보조로 붐을 많이 들었는데, 녹음팀에서 내가 한 일을 정리하면 다음과 같다.

(1) 크랭크인 전

1. 장비 테스트를 할 때 녹음기사와 붐 맨을 도와 녹음기나 믹서에 케이블을 연결하고, 붐 맨이 사용할 듀플렉스 케이블을 끌어주고 정리한다.

2. 각종 케이블의 커넥터 부분과 케이블을 닦아준다. 더러워진 커넥터는 당구공 닦는 약품(Pikal)을 헝겊이나 면봉에 묻혀서

닦으면 새것처럼 깨끗해진다. 특히 커넥터 안쪽의 핀들을 잘 닦아주어야 한다. 케이블은 물걸레로 닦는데, 닦는 부분을 너무 힘을 주어 잡으면 바깥 부분의 고무 피복이 늘어날 수 있어 조심해야 한다.

3. 현장에 가지고 다닐 장비를 잘 숙지하기 위해 수첩에 장비 목록 전체를 적어둔다. 수첩은 현장에서 항상 가지고 다니면서 장비가 어디에 어떻게 쓰이는지 메모해야 한다.

(2) 크랭크인 후

1. 녹음기사의 자리에 전기선을 끌어와 녹음기와 믹서의 전원을 연결한다. 저녁 촬영을 할 때는 사운드 카트에 스탠드를 먼저 연결해 주변을 환하게 밝혀 놓는다.

2. 사용할 케이블을 어디로든 끌고 갈 수 있게 사운드 카트 앞에 정리해 놓는다.

3. 모니터가 있는 자리에 헤드폰 분배기를 설치한다. 녹음기나 믹서에서 출력되는 소리를 감독과 스크립터, 현장 편집 담당이 들을 수 있게 케이블을 연결한다.

4. 붐 맨이 있을 곳에 마이크 케이블을 가져다준다. 붐 맨이 바쁘게 움직일 때나 쉴 때는 붐 맨의 붐과 헤드폰을 들어준다.

5. 붐 마이크를 더 사용해야 할 때는 붐 보조도 붐 맨과 같이 붐 마이크를 든다.

6. 녹음기사나 붐 맨이 지시하는 일을 수월하게 처리할 수 있도록, 현장에서 일어나는 모든 일을 잘 숙지하고 있어야 한다.

2. 붐 맨으로 활약하다 (1993~1999)

1) <가슴달린 남자>(신승수, 1993) : 메인으로 붐을 잡다

일을 시작한 후, 처음으로 메인이 되어 붐을 든 작품이 <가슴달린 남자>다. 붐 맨을 맡고 있던 선배가 녹음기사로 데뷔를 하면서 팀이 나누어졌다. 기존에 사용하던 장비들에 필요한 장비 몇 가지를 보충해서 붐 맨 선배가 사용하기로 해서 이영길 기사님은 새로 구입한 장비를 사용하기 시작했는데, 새로운 장비 목록은 아래와 같았다.

녹음기 : 나그라 포에스(Nagra IV-S)

믹서 : 소노삭스 믹서(Sonosox-SX-S Mixer)

마이크 : 노이만 81아이(Neumann 81i) 2개
노이만 82아이(Neumann 82i) 1개

와이어리스 : 레트로소닉스(Lectrosonics) 2개 채널

사운드 카트(휠체어를 개조해서 만듦)

피시 폴 브데삐(vdb), 알루미늄(일제)

작은 펠리컨 박스에 들어 있는 12볼트 배터리

촬영 전날 이영길 기사님과 사용할 장비를 점검했다. 그동안 현장에서 어깨 너머 배운 것을 토대로 처음으로 녹음기와 믹서, 마이크를 비롯해 장비들을 조립했다. 마이크는 가죽으로 된 원통 안, 폼 윈드실드라고 하는 스펀지에 끼워져 있었다. 마이크를 꺼

내기 전 부속품인 윈드스크린과 쇼크 마운트를 분리했다. 쇼크 마운트에 장착할 준비가 되면 마이크를 꺼내서 조립하라고 시키신다. 조립할 때도 박스를 열어놓은 곳 앞에 쭈그리고 앉아 박스 안에서 마이크를 조립하라고 하셨다. 마이크를 떨어뜨리는 경우 높은 곳에서 떨어뜨리는 것보다 낮은 곳에서 떨어뜨리는 편이 덜 위험하다는 이유에서였다.

휴대용 믹서도 별도의 펠리컨 박스에 들어있었다. 녹음기는 메고 다닐 수 있게 질긴 천 가방에 들어있었다. 휠체어를 개조해서 사운드 카트도 만들었다. 앉는 부분에 믹서를 올려놓았고, 팔을 받치는 곳에 스테인리스판을 얹어 나사로 조이고, 녹음기를 그 위에 설치했다. 휠체어의 손잡이 부분에도 역시 스테인리스판을 얹어, 액세서리로 쓰는 헤드폰 등을 올려놓았다. 슈퍼 클램프 두 개를 맞물려서 한쪽은 휠체어에 장착하고, 한쪽은 피시 폴 걸이로 사용했다. 듀플렉스 케이블은 돌돌이에 감아서 사용하지 않고 일자로 감아서 사용했다.

다음으로는 믹서와 녹음기를 연결했다. 믹서와 녹음기를 연결하는 케이블은 적색과 녹색으로 만들어져 있어서 구분하는 데 어려움이 없었다. 믹서의 출력 부분에는 적색과 녹색 라벨링 테이프를 붙여 오른쪽과 왼쪽 채널을 구분해 놓았다. 나그라로 들어가는 쪽은 딘(Din) 커넥터로 되어 있어서 연결이 수월했다. 캐논 커넥터와 55스테레오 잭을 믹서에 연결했다. 케이블의 반대편은 클립이 달린 작은 박스 형태여서 허리띠에 장착할 수 있었다. 붐 마이크를 연결해서 테스트했다. 헤드폰으로 소리가 들려왔다. 기사님은 믹서에 달린 토크백을 사용해 나에게 잘 들리냐고 물어보셨다. 믹서에는 숏이 들어간 상황에서도 붐 맨에게 지시할 수 있는 토크백 마이크가 있다. 믹서에 붙어 있거나 내장 형태여서 믹서 가까이에 입을 대고 작게 말을 해도 붐 맨이 쓰고 있는 헤드폰에서는 크게 들렸다. 나는 소리가 잘 들린다고 대답했다.

그다음에는 와이어리스를 테스트했다. 리시버 두 개를 휠체어 손잡이 부분에 올려놓고 선을 연결했다. 트랜스미터에 작은 안테나와 미니 엑스엘알(XLR) 커넥터를 끼운 후, 라발리에는 가슴 정중앙에 양면테이프로 고정해 두었다. 허리춤에 끼워 넣을 수 있게 클립이 달려 하나는 오른쪽에, 또 하나는 왼쪽에 끼웠다. 녹음실 밖으로 걸어 나가며 1부터 20까지 소리 내어 숫자를 세며 걸어갔다가 다시 20을 세며 안으로 들어오자 기사님께서 감도와 전파 수신이 문제없이 잘 된다고 하셨다. 가지고 나갈 장비 목록을 수첩에 적는 것으로 장비의 테스트는 끝이 났다.

이후 이영길 기사님은 나에게 시나리오를 주며 큰 소리로 읽으라고 하셨다. 대사만 읽지 말고 시나리오에 나와 있는 지문도 모두 읽으라고 하셨다. 나는 의자에 앉아 시나리오를 읽기 시작했다. 아침, 낮, 석양, 밤, 오픈, 세트, 로케이션, 야외에서 비가 오는 신인지, 창밖에 비가 내리는 신인지, 눈이 오는지 등 시나리오를 읽으면서 그 신의 성격도 같이 파악했다. 이전에는 이런 부분을 무시하고 영화의 서사에만 관심을 가졌다. 신의 분위기나 성격에는 별 관심이 없었다. 기사님은 이런 것들을 알아야 다음날 추가로 필요한 것들을 미리 준비할 수 있다고 말씀하셨다. 여름이라도 밤 신이 있는 경우 추위에 대비해서 점퍼 같은 보온 장비를 가지고 다녀야 한다. 비 오는 신이 있는 경우 레인 커버라고 하는 마이크 부속품을 준비해야 한다. 기사님께서는 특히 제작부에서 주는 비옷은 일회용이라 잘 찢어지니 녹음실에 있는 우의를 꼭 챙기라고 하셨다.

(1) 첫 테스트 촬영의 생생한 기억

헤드폰을 쓰고 마이크 케이블과 헤드폰을 커넥터에 연결하자, 현장의 소음들이 들린다. 잠시 후 주변 소음들이 사라지고, 녹음기사님이 말씀하신다. "테이프 넘버 1번 돕브(Top의 일본식 발음) 삐 (헤드톤 소리) 0000년 0월 0일 어디 어디(장소), 신 00 컷 00!" 그러자 다시 현장의 소리가 들려온다. 분주하던 현장이 오늘 촬영할 첫 컷을 테스트한다는 조감독의 공지에 조용해진다. "테스트, 레디, 액션"이라는 사인과 함께 첫 번째 숏의 테스트를 시작한다. 바쁘게 일하는 사무실의 분위기를 스케치하기 위해 길게 깔아놓은 레일 위로 카메라를 장착한 이동차가 움직이기 시작한다. 보조 출연진은 각자 자신이 배정받은 역할을 연기하기 시작한다. 전화하는 직원, 서류를 검토하며 부하직원을 다그치는 상사 등 사무실의 풍경이 카메라에 담긴다. 카메라를 장착한 이동차가 레일의 반을 넘어갈 때쯤, 한 여직원이 종이컵이 놓인 쟁반을 들고 카메라를 따라 걷기 시작한다. 레일의 끝부분에서 이동차는 정지하고, 카메라는 직원이 가는 곳으로 팬(pan)을 한다. 직원이 회의실의 문을 두드리고, 문을 열고, 안으로 들어간다. 잠시 후 감독님이 "컷"을 외친다.

첫 컷의 테스트가 이렇게 끝이 났다. 대사가 없는 신이기에 사무실의 시끌벅적한 소리를 배경으로 여직원의 발소리, 문을 여닫는 소리를 붐으로 잘 따라주면 되었다. 좋은 소리를 수음하기 위해 붐을 잘 들고 싶다는 욕심이 생겨났다. 이 장면에서는 사무실 전경을 풀 숏으로 잡고 이동하며 촬영하는 관계로 붐을 길게 뽑아서 들 수밖에 없었는데, 팔이 아파도 천장 때문에 붐을 세워서 들 수가 없었다. 반면에 대사가 있는 장면은 버스트 숏으로 진행해서 붐을 길게 뽑지 않고 사용할 수 있었다. 오래 서 있기 힘들 때는 주변 의자에 앉아서 쉴 수도 있었다. 여름이어서 날씨가 매우 더웠는데 촬영 때문에 에어컨을 틀어놓지 못했다. 조명팀의 라이트에서 뿜어져 나오는 열기가 사무실 안의 공기를 뜨겁게 달구어, 사무실 안은 그야말로 한증막 같았다. 쉬는 시간에 에어컨을 켜긴 했으나 그때만 잠깐 시원할 뿐 촬영할 때는 열기와 더위를 참아야만 했다. 붐을 들고 있으면 숨을 얕게 쉬든지 숨을 참은 상태에서 들어야 하는데, 숨을 참고 있으니 땀이 비 오듯 했다.

(2) 촬영 장소와 장비의 성격

카메라는 기존에 사용했던 아리(Arriflex) BL3나 BL4가 아닌 새로운 기종의 카메라였다. 당시 현장에서는 BL4를 보편적으로 많이 사용했고 고속 촬영용으로는 아리 3을 사용했다. 새로운 기종의 카메라는 아리 535A라는 카메라였다. 기존 카메라에 비하면 필름 돌아가는 소음도 덜하고 몇 가지 기능이 추가

된 기종이었다. 카메라 돌아가는 소리를 처음 인지한 것은 녹음실에서 트랜스퍼를 할 때였다. 트랜스퍼 할 때는 큰 옷장 크기의 스피커로 소리를 듣다 보니 현장에서 녹음한 작은 소리들도 크게 들리는데, 기사님과 선배들이 카메라 필름 돌아가는 소리를 알려주셨다.

<가슴달린 남자>는 모델 하우스나 오픈 세트에서 촬영을 많이 했다. 벽을 분리할 수는 없었지만, 모델 하우스로 만들어진 방이나 거실, 화장실은 세트보다 더 현실적이고 좋은 재료들로 지어져 고급스러운 분위기가 더해졌다. 분당과 성남 쪽에서 개발이 한창 이루어질 때였기 때문에 모델 하우스의 종류도 다양했다. 다만 무거운 장비들로 인해 바닥이나 구조물에 흠집이 생기지 않도록 조심해야 했기에 신경을 더 써야 했다. 중간중간 모델 하우스를 보러 오는 손님들로 인해 촬영이 중단되는 것도 단점이었다.

배우가 세트장에서 대사를 할 때, 음성이 작으면 별문제 없이 녹음할 수 있지만 음성이 크면 세트장 전체에 소리가 울려 퍼져 세트장 촬영이라는 티가 난다. 반면 모델 하우스나 사용 중인 사무실, 집을 빌려 촬영하는 경우는 이런 소리의 울림이 전혀 어색한 느낌을 주지 않는다. 오히려 이런 공간에서는 울림이 자연스럽게 느껴지기도 한다. 세트장에서 이동차를 사용하면 이동차가 움직일 때마다 나무의 삐걱거림이나 스태프들의 발소리가 나서 녹음하는 데 방해가 된다. 이런 소음이 배우의 대사와 물리면 대사 전달에 어려움이 생긴다. 그래서 연기에 집중하는 데 방해가

된다는 배우들도 있다.

하지만 세트장이든 오픈 세트든 야외 촬영이든, 동시녹음을 할 때 중요한 것은 마이크를 어느 방향으로 위치시키는가이다. 장소의 성격보다는 방향이 소리에 영향을 주는 요소이다. 마이크는 그 특성에 따라 몇 가지 종류로 나뉜다. 전원이 필요한 콘덴서 마이크가 있는가 하면, 전원이 필요 없는 다이내믹 마이크가 있다. 노이만 KMR 81i는 수음각이 45도이고, 노이만 KMR 82i는 수음각이 15도이다. 정확한 데이터는 아니지만 직접 마이크를 입에 맞춰놓고 테스트해 본 결과다. 마이크 정면을 바라보고 말을 하면 청명한 소리가 들리고, 오른쪽이나 왼쪽으로 방향을 돌려서 마이크의 정면이 귀 있는 부분을 지나치면 그때부터는 청명하지 못한 소리가 들린다. 이런 경우 말하는 소리가 들리긴 하지만 마치 옆집에서 이야기하는 소리같이 불분명하게 들린다.

(3) 본 촬영, 붐 맨으로 데뷔하던 순간

첫 컷의 테스트가 끝나고 드디어 슛에 들어간다. 테스트 때보다 더 긴장했지만, 테스트 때처럼만 하면 별문제가 없을 것 같다. 조감독님의 슛 사인으로 주위가 정렬되자, 곧이어 감독님이 직접 액션 사인을 하신다. 이동차 위의 카메라가 분주한 사무실의 전체 모습을 촬영하는 동안 붐에 달린 마이크가 천장 바로 아래에서 배우들을 지나쳐 이동한다. 이동차가 멈추어 카메라가 팬을 할 무렵, 여직원으로 출연하는 배우가 화면 안으로 들어와 회의실 방향으로 다가간다. 배우들의 대사는 웅성웅성하는 소리로 들린다. 여직원의 머리 위로 붐 마이크를 이동시키자 여직원의 발소리가 가까이 들린다. 붐은 거기서 정지한다. 여직원이 노크를 하고 회의실 안으로 들어서자 잠시 후 감독님의 쩌렁쩌렁한 "커~엇!" 소리가 명쾌하게 들린다. 아무 문제가 없으면 '오케이' 한다는 소리다. 촬영 감독님이나 녹음기사님이 별문제 없다고 하자 다음 컷으로 넘어간다.

조연 배우가 부장 자리에 앉아서 전화하는 연기를 한다. 카메라와 조명 장비들이 배우 쪽으로 이동을 해서 위치를 잡는다. 전화하는 정면 숏은 그리 어려운 부분은 없다. 정면 숏을 촬영할 때 주위의 보조 출연자들이 소리를 내지 않기 때문이다. 그들이 웅성거리는 소리는 대사에 방해가 되기도 하고, 화면에는 부장의 모습만 나오기 때문에 사무실에서 일하는 소리는 시간이 남을 때 다시 녹음한다고 한다.

정면 숏을 촬영하던 중에 배우 머리 위로 마이크 그림자가 떨어진다고 카메라 포커스를 하는 촬영 스태프가 나에게 조심하라고 한다. 마이크를 움직여 보니 배우 이마 바로 위에서 희미하게 그림자가 움직인다. 그러자 스태프가 움직이지 않으면 모른다고 움직이지만 말라고 한다. 그렇게 부장의 정면 숏은 오케이 사인이 나고, 측면 숏으로 이어진다. 측면 숏은 사무를 보는 직원들이 화면에 잡히기 때문에 부장 뒤로 보이는 출연자들이 꽤 있다. 보조 출연자들이 출연하기는 했으나 모두 마임으로 연기를 할 뿐 소리는 내지 않는다. 마이크가 지향성이기는 해도 주위에서 들리는 소리가 모두 녹음되기 때문이다. 배우가 연기하는 데 방해가 되기 때문이기도 하다. 극장의 스피커 시스템을 살펴보면 스크린 뒤에 중앙 스피커가 있고, 그 좌우로 스테레오 스피커가 있다. 대사는 중앙 스피커에서 나오기 때문에 현장 녹음을 할 때, 특히 대사가 있는 컷을 녹음할 때는 주위의 모든 소리를 제거하고 대사만을 녹음하는 것이 좋다. 화면 뒤로 나오는 보조 출연자들의 소리는 촬영이 끝나고 전체적으로 녹음하기로 한다.

　사무실 촬영 일정이 끝나고 회의실 안 촬영이 이어진다. 모든 촬영·조명 장비들이 회의실 안에 준비된다. 배우들과 촬영·조명 팀만으로도 회의실 내부가 복잡해서 녹음기사님과 감독님 그리고 필요한 인원만 들어가기로 하고 촬영을 진행한다. 회의실 화이트보드 앞에서 발표하는 배우와 발표를 듣고 질문하는 배우들이 타원형의 넓은 테이블에 앉아 있다. 회의실의 첫 숏은 전체 풀 숏으로 진행한다. 풀 숏이라 배우들의 대사를 일일이 녹음하는 건 불가능한 상황이다. 콘티 상에는 화이트보드 앞에서 회의를 진행하는 직원과 테이블에 앉아서 듣고 있는 직원들의 모습만 보여주는 장면이다. 감독님이 처음부터 끝까지 풀 숏으로 가고, 대사 부분은 따로 촬영할 테니 대사에는 신경 쓰지 않아도 된다고 말씀하신다. 그래서 마이크는 카메라 옆에서 배우들 쪽으로 방향만 맞춘다. 배우들의 대사는 거리감 때문에 멀게 들린다. 화면과 같이 보면 거리감 있는 소리가 오히려 어울리는 듯 느껴진다. 전반적으로 대사가 정확하게 들리는 부분도 있고 대사를 한다는 느낌만 어렴풋이 있는 부분도 있다. 붐 마이크를 들고 있는 내 위치에서 거리가 있는 배우나 뒷모습이 보이는 배우들의 대사 소리는 정확하지 않다.

그렇게 풀 숏을 촬영한 후에 배우들이 대사하는 부분은 버스트 숏과 오버 숏 등으로 촬영한다. 마이크를 머리 위에 위치시킬 수 있어서 별 어려움 없이 붐 마이크를 들 수 있다. 배우와 거리가 떨어져 있다 해도 마이크가 배우의 정면을 향하고 있다면 대사는 청명하게 들릴 것이다. 그러나 배우의 뒷모습이나 옆모습이라면 상황은 달라진다.

2) <젊은 남자>(배창호, 1994) : 음악이 있는 신의 녹음을 경험하다

<젊은 남자>는 붐 맨으로 참여한 네 번째 작품이다. 이영길 기사님께서 감독님께 인사를 빼먹지 말고 감독님 앞에서 실수를 하지 말라고 주의를 주셨다. 그만큼 이 기사님과 인연이 깊은 감독님이라는 느낌이 들었다. 가뜩이나 붐을 들면서 현장이 어렵게 느껴졌는데 이번 현장은 더 어렵게 느껴지겠다는 생각이 들며 초긴장 상태가 되었다.

드디어 첫 촬영 날, 어느 현장에서나 그랬던 것처럼 늘 해 오던 대로 일했다. 감독님과 촬영·조명기사님들께 인사하고 녹음 장비를 준비했는데 현장 돌아가는 상황은 어느 현장이나 비슷했다. 이 기사님이 하신 말씀이 생각나서 감독님이 조금은 어렵게 느껴졌는데 일을 하다 보니 감독님의 집중력과 연출에 대한 몰입감이 강하다는 느낌을 받았다. 책임져야 할 일에 대해서 최선을 다하는 것은 좋은 모습이다. 현장에서 진지하게 일을 대하고 모든 사람에게 부드럽게 대하는 모습이 무척 인상적

이었다. '그래도 나 같은 조수는 보이지도 않으시겠지'하는 생각을 하고 있었는데 어느 날부터 나를 온전한 현장의 일원으로 대해주시는 감독님의 모습에 강한 책임감이 느껴졌다. 일을 대하는 태도 또한 달라지는 느낌이었다. 연출하실 때는 배우들에게 부드럽게 대하실 때가 있는가 하면 무섭게 대하실 때도 있었다. 직접 연기 지도를 하실 때는 열정적이셨다. 이 기사님도 당신이 하는 일에 대해서는 최선을 다하는 분이시기에 나 또한 그분들을 닮아 가려고 노력했다.

  <젊은 남자> 촬영을 시작할 때, 붐 드는 일에 자신감은 붙었지만 카메라 화각에 대한 감각은 부족했던 게 사실이다. 그래서 이 영화를 촬영할 때는 콘티에 카메라 렌즈의 크기와 조명의 위치, 태양의 위치까지 적어놓았다. 첫 번째 신부터 마지막 촬영하는 날의 신까지 모두 모아서 스크랩북을 만들었다. 콘티는 그날 촬영이 끝나면 아무 생각 없이 휴지통에 버리곤 했는데, 이렇게 스크랩북을 만들어 보니 누군가의 수고와 고생으로 그려진 콘티가 함부로 대해서는 안 될 소중한 자료라는 사실을 깨닫게 되었다. 또한 장면마다 필요한 소리가 무엇인지 써놓고 카메라는 어떤 렌즈를 사용했는지, 붐을 들어야 하는 위치는 어디인지, 마이크는 어느 쪽으로 방향을 주었는지 세밀하게 적어놓았더니 화각과 소리에 대한 이해를 좀 더 쉽게 할 수 있었다.

(1) 대학로 마로니에 공원, 그룹 '소나무' 공연 촬영

  대학로 거리에서 두 주연 배우가 공연을 관람하는 장면을 촬영했다. '소나무'라는 언더그라운드 밴드의 음악 두 곡을 그대로 쓴 다고 했다. 이 밴드의 음반이 있지만, 현장의 소리를 사용해야 현 장감이 있다는 기사님의 말씀대로 현장에서 그들의 공연을 녹 음하기로 했다. <샐러리맨>과 <꿈꾸는 그대는 내 맘을 아는지> 두 곡을 현장에서 녹음했다. 경쾌한 박자로 시작하는 <샐러리맨> 은 시간에 쫓기면서도 희망을 좇아가는 1990년대 초중반 당시 의 회사원들을 표현한 노래였다. 기사님께서는 스테레오로 녹음 하신다고 나에게 마이크 두 자루를 양손에 들고 있으라고 지시하 셨다. 배우가 앉아 있는 위치와 비슷한 위치에서 공연하는 그들 을 향해 마이크를 기울였다. 밴드가 소지한 악기와 앰프만 가지 고도 훌륭한 소리가 나오는 것이 느껴졌다. 노이만 81i 두 자루를 5미터 간격으로 벌리고 공연장을 바라보고 앉아서 지향했다. 두 곡을 다 녹음한 후 본 촬영을 시작했다. 배우들 방향으로 촬영할 때는 연주하지 않고, 카메라가 배우들의 뒤에서 공연장을 촬영 할 때만 공연을 했다. 편집할 때는 공연 장면이 들어간 화면에 미 리 녹음해 둔 음악을 맞추어 놓고 앞뒤 음악이 들어갈 곳까지 음 악을 썼다. 기사님께서는 이렇게 기존에 발표한 음반이 있는데도 현장에서 녹음하는 이유는 촬영 공간의 울림과 여운 같은 현장감 이 영화를 현실감 있게 만들고 관객에게 몰입감을 선사하기 때문 이라고 하셨다. 음반은 잘 다듬어진 맛이 있는 반면 공연에서 느 낄 수 있는 생생함은 떨어지는 게 사실이다. 영화는 잘 다듬어서 관객에게 선보여야 하는 게 맞지만, 소리는 현장감과 현실감을 전달해야 마음에 와닿는다고 생각한다. 그래서인지 현장에서 녹음한 그들의 음악도 녹음실에 와서 들어보니 음반으로 듣는 것과 별반 차이가 없을 만큼 뛰어나게 느껴졌다.

3) <사랑하기 좋은날>(권칠인, 1994) : 무선 시스템과 소리의 색을 배우다

(1) 아파트 앞 도로, 밤 촬영

영화 <사랑하기 좋은날>의 주인공인 형준과 시정을 아파트 앞 도로에서 촬영하는 날이다. 아파트 입구 쪽에 설치한 촬영용 크레인 위에 카메라를 올려두고 멀리서 걸어오는 두 주인공을 롱 숏으로 잡았다. 두 사람은 어느 정도 걷다가 대사를 시작하고, 아파트 입구 쪽으로 계속 걸어오면서 대화는 이어진다. 그러다 아파트 입구에 멈추어 서서 대화를 마치고 형준은 왔던 길로 되돌아간다. 시정의 핸드폰으로 전화가 걸려 와 시정은 통화를 한다. 두 사람이 걸어오면서 하는 대사는 감정이 담긴 신이어서 대사를 크게 할 수 없다.

이 모든 장면을 한 컷으로 촬영한다고 감독님이 말씀하셨다. 소위 원 신, 원 컷인 것이다. 처음 화면에 보이는 롱 숏은 화각이 넓어서 대사를 수음할 수 있는 곳까지 가까이 들어가면 내 신체와 붐이 화면에 모두 노출되고, 붐을 길게 뽑으면 배우의 대사를 녹음하기에 무리가 있었다. 이 기사님은 와이어리스를 쓰자고 하셨다. 형준 역과 시정 역을 맡은 최민수, 지수원 배우의 몸에 와이어리스를 설치한 후 몇 번의 테스트가 이어졌다. 내가 쓰고 있는 헤드폰으로 대사를 하며 걸어오는 그들의 목소리가 들렸다. 배우들이 카메라와 가까워졌을 때쯤에는 붐 마이크로도 대사가 들리기 시작했다. 배우들의 몸에 달린 무선 시스템과 내가 들고 있는 붐 마이크의 소리에는 음색의 차이가 있었다. 무선 시스템은 대사가 가까이 들리게 해주는 역할은 하지만, 내가 들고 있는 마이크처럼 울림이나 여운 등의 느낌은 포착하지 못했다.

무선 시스템을 배우의 몸에 설치할 때 남자 배우는 트랜스미터를 허리띠에 끼우고 라발리에는 넥타이 매듭이 있는 부분에 설치했다. 여자 배우는 원피스를 입고 있어서 신축성이 있는 벨트를 허벅지에 채우고 그곳에 트랜스미터를 설치했다. 라발리에는 원피스에서 목이 나오는 부분에 설치했다. 감정 신이라 두 배우가 천천히 걸어서 스크래치 음은 크게 들리지 않아 다행이었다. 만약 배우의 걸음이 빨랐거나 바람이 심하게 부는 날이었다면 배우들의 몸에 설치한 라발리에를 통해 옷이 스치는 소리나 바람 소리 같은 잡음이 심하게 들어와 소리를 사용하지 못할 수도 있었다. 실제로 배우들의 몸에 무선 시스템을 설치한 후 그들이 처음 시작하는 자리로 돌아가기까지 잡음이 엄청 심하게 들렸다. 귀에 면봉을 넣고 돌리는 것처럼 부스럭거리거나 쓱쓱 대는 소리였다.

이렇게 아파트 단지에서 촬영할 때 주의해야 할 소음들이 있다. 일례로 사다리차 소리를 들 수 있다. 아파트 단지에서 이삿짐을 오르내리는 소리는 건물에 반사되어 더 크게 들린다. 아이들이 소리를 지르거나 떠드는 소리도 높은 콘크리트 건물들에 반사되지 않도록 사전에 잘 차단해야 한다.

또한 밤 촬영을 할 때 배우들의 음성 녹음에도 주의를 기울여야 한다. 누구나 잠에서 막 깨어나 일상생활을 시작하기까지 얼마간은 목소리가 잠긴다. 이 상태에서 소리를 지르거나 말을 많이 한다면 성대가 약한 배우는 목소리가 쉽게 쉰다. 야간 촬영에서도 마찬가지로 목이 잠긴다. 감기에 걸리거나 컨디션이 좋지 않은 배우의 음성을 녹음하면 코맹맹이 소리가 난다. 그러므로 배우들의 목 상태를 잘 살펴야 한다.

4) <아름다운 청년 전태일>(박광수, 1995) : 소리의 힘을 깨닫고, 스테디캠 촬영에서 붐 마이크 사용법을 익히다

(1) 양수리 서울종합촬영소 세트 촬영

1993년 11월 영화인들의 숙원 사업이었던 양수리 서울종합촬영소가 부분 개관했다. 촬영소의 제5스튜디오는 대형 수조 세트였다. 세트장 중에 규모가 가장 큰 그곳에 평화시장 내부를 지어놓고 대략 한 달 정도 촬영을 진행했다. 세트장 옆으로는 작은 계곡이 있었다. 산에서 계곡물이 흘러 내려오고 있어 한여름에도 선선한 기운이 들었다. 이곳에서 촬영하던 중에 있었던 일이다. 한 장소에서 보름 정도 촬영을 예정하고 있었기 때문에 세팅한 장비를 그대로 놔두고 출퇴근을 하기로 했다. 피디를 비롯한 제작부 스태프들도 세트장 문을 잠그니 염려하지 말라고 했다. 이영길 기사님께서는 다른 현장에서는 절대로 장비를 놔두고 퇴근하지 않기 때문에 걱정이 되셨는지 기어이 세트장에서 주무시겠다고 하셨다. 결국 퍼스트인 내가 자진해서 그곳에서 자겠다고 했다. 그런데 녹음팀이 모두 숙소로 돌아가고 세트장에 혼자 남아있자니 무서움이 밀려왔다. 남아있던 제작부 몇 명마저 마무리를 끝내고 숙소로 갔다.

장비와 의상, 분장, 제작팀 비품이 있는 방들의 문만 잠그고 상시등 몇 개만 켜 두둔 상태였다. 녹음 장비가 있는 한편에 군용 모포를 펴고 누웠다. 며칠 전 제작팀과 대화를 하다가 아무도 없는 세트장에서 누군가 움직이는 발소리를 들었다고 한 것이 생각났다. 가만히 누워 있자니 너무 조용해서인지 누군가 걸어 다니는 소리가 들리는 것 같기도 했다. 양수리 세트장에 귀신이 자주 출몰한다는 이야기가 생각나서 자꾸 신경이 날카로워졌다. 눈을 감고 잠들 무렵, 종일 켜두었던 조명기에 붙은 쇠판이 식으면서 '탁탁'하는 소리가 들려왔다. 그 소리가 거대한 세트장 안에서 울려 퍼지기 시작하자 누군가 걸어 다니는 소리처럼 들렸다. 일주일을 그곳에서 잠을 자면서 소리가 주는 공포를 경험했다. 그러면서 소리가 화면이 가지지 못하는 상상력을 극대화하는 힘을 가지고 있다는 것을 새삼 느꼈다.

(2) 을지로 국립의료원 뒤 평화시장 골목, 전태일 열사의 분신 장면 촬영

스테디캠은 로봇 팔처럼 생긴 장치 위에 카메라를 얹어놓고 움직이는 배우를 따라가거나 따라오며 촬영할 수 있게 만든 장치이다. 이동차나 크레인의 경우 움직임이 한정적인 데 비해 스테디캠은 장소에 제약을 받지 않고 이동할 수 있다는 장점이 있다. 전태일 열사의 분신 장면을 촬영하는 날 스테디캠 촬영을 했다. 스테디캠으로 카메라가 사방팔방 다 찍을 수 있어 언제 어떻게 이동할지 모르기 때문에 감독님께서 이영길 기사님께 현장에서는 가이드로 녹음하라고 하셨다. 하지만 아무리 카메라가 사방팔방 현장을 휘젓고 다닌다 해도 콘티는 정해져 있어서 배우의 동선은 짜여 있었다. 카메라 렌즈의 화각에도 한계가 있었다. 이에 따라 붐 맨이 마이크를 들고 있을 자리도 정해진다는 뜻이다.

촬영을 시작하자 스태디캠이 건물 안 계단 위에서부터 배우를 따라 나왔다. 처음 출발 지점에서는 계단 절반과 양쪽 복도, 천장이 화면에 다 잡혀서 배우의 머리 위에 마이크를 위치시키기가 어려웠다. 그래서 계단을 내려올 때는 발소리 위주로 마이크를 지향했다. 배우가 골목으로 나온 후에는 배우의 머리 위에 마이크를 위치시켰다. 배우가 도로에 나와서 외친 첫 대사는 "근로 기준법을 지켜라!"였다. 이후 몸에 불을 붙이면서 이 대사를 두 번 정도 더 하는데 배우가 몸에 직접 불을 붙여야 하는 상황이어서 현장에는 극도의 긴장이 감돌았다. 심지어 붐 맨인 나도 카메라 옆에 접근하지 못할 정도로 긴박한 순간이었다. 현장에는 오로지 카메라와 배우만 있었다. 영상만을 고려하는 게 섭섭하기도 했지만, 배우의 몸에 불을 붙이는 위험한 장면이다 보니 그럴 수 있는 상황이라고 이해했다. 소리는 후반 작업에서 만들 수 있지만, 영상은 그럴 수 없기 때문이다. 이윽고 배우가 몸에 불을 붙이고 "근로 기준법을 준수하라!"라는 대사를 외쳤다. 거리로 뛰어나가는 배우를 마이크를 들고 따랐다. 배우가 긴장해서인지 처음에는 대사를 제대로 하지 못했지만, 두 번째 촬영에서는 대사 연기를 하는 것이 느껴졌다.

스테디캠 촬영을 할 때는 화각의 크기도 중요하지만, 그것만큼 배우의 동선 파악도 중요하다. 배우가 정해진 대로 움직이지 않고 자신의 느낌대로 움직이면 즉흥적으로 동선이 이루어진다. 그러면 카메라도 즉흥적인 동선을 따라다녀야 한다. 이런 상황에서는 배우의 정해진 동선을 미리 알 수 없다. 하지만 장소의 구조와 시나리오의 지문을 잘 읽어보면 어떤 동선으로 연기를 할지 대략적인 움직임을 알 수 있다. 이 현장의 경험을 통해 스테디캠 촬영 현장에서 녹음을 어떻게 해야 하는지를 체득할 수 있었다.

5) <스케이트>(조은령, 1998) : 오롯이 혼자 녹음 작업을 해보다

[사진-64] <스케이트>의 1998년 칸 공식 선정 초대장

(1) 단편영화 작업과 조은령 감독과의 만남

단편영화나 독립영화는 형식의 특성상 배급이 쉽지 않기 때문에 개봉하는 것이 하늘의 별을 따는 것보다 어렵다. 그래서 감독들은 그 대안으로 해외 영화제에 출품하는 것을 희망한다. 단편

영화는 돈을 번다는 생각으로 만든다기보다는 작품의 완성도를 높여 이것을 통해 상업영화로 진출을 꿈꾸며 만드는 경우가 많기 때문에 투자자나 투자처를 찾기가 어렵다. 때문에 단편영화에 참여하고 나서 해외 영화제 진출이나 수상 같은 좋은 소식이 들려오면 더없이 기쁘다. 내가 잘된 것보다도 더욱 기쁜 건, 애처로울 정도로 힘든 현장의 현실을 같이 극복하고 완성했다는 뿌듯한 마음이 들기 때문이다. <스케이트>는 그런 마음이 드는 대표적인 작품이다. 선배의 부탁으로 조은령 감독을 만났는데, 제작 기간은 5회 차이고 촬영은 여주의 남한강 주변에서 이루어진다고 했다. 아래는 이 작품에서 사용한 장비 목록이다.

소니 TCD D10 PRO 2 (디지털 녹음기)

PSC M-4 MIX

젠하이저 MKH 416 마이크와 액세서리

작은 피시 폴

소니 MDR 7506 헤드폰

DAT 60분 분량 테이프 5개

마이크 케이블 1개

믹서 배터리 12볼트 2개

녹음기 전용 배터리 5개

이 영화는 35밀리 단편영화인데, 모니터나 녹화 장비는 없었다. 감독의 사비로 만드는 영화이다 보니 예산이 많지 않았다. 조수를 데리고 갔으면 했는데, 사정이 여의치 않아 보여 결국 혼자서 작업을 하게 되었다. 조은령 감독은 녹음기를 어깨에 메고, 테스트할 때 볼륨을 맞춰놓고, 숏이 들어갈 때 레코딩 버튼을 눌러서 레코딩 해 놓고, 붐을 들라고 했다. 처음으로 혼자 하는 작업이라 잘할 수 있을까 걱정이 많이 되었다.

촬영 전날, 촬영 버스를 타고 경기도 여주의 남한강 근처 촬영지로 출발했다. 버스 안에서 조은령 감독과 몇 가지 이야기를 나눴다. 촬영 장소 주변은 조용해서 녹음하는 데 큰 무리가 없을 것이라고 했다. 날씨가 추워서 카메라가 얼면 어떡하느냐는 걱정을 하기에 촬영팀이 현장 경험이 많아서 대비를 잘할 것이라고 했다. 조은령 감독은 말이 별로 없고, 항상 웃는 얼굴에다 긍정적인 생각을 하는 감독이었다. 믿음이 강한 기독교 신자여서 자신의 앞에 닥친 일을 주님이 주신 일로 받아들이고, 기도도 열심히 하는 사람이었다.

숙소인 민박집 앞에 도착해 모든 짐을 내린 후에 버스는 다시 서울로 갔다. 촬영 장소가 숙소에서 걸어서 10분 정도 거리에 있어서 이동용 차량이 필요하지 않았기 때문이다. 장비가 있는 기술 스태프는 민박집에서 잠을 잤다. 연출팀과 촬영감독 그리고 나를 위해서는 따로 집을 빌려놓았으니 숙소로 사용하라고 했다. 나에게 그곳에서 5일간 편히 있으라고 했지만, 나는 배터리 충전을 해야 해서 민박집에 머무르겠다고 했다. 5일이란 기간 동안 내가 편하게 지내는 것보다는 현장에서 녹음을 실수 없이 하는 게 우선이라고 생각했기 때문이다. 그리고 그렇게 하는 것이

마음이 편했다. 겨울이라서 몹시 추웠는데, 민박집은 외풍이 심했다. 방문은 나무로 된 살에 창호지를 바른 옛날 문이었는데, 찬바람이 문틈으로 들어오면 방 안 온기를 모두 밀어내는 느낌이었다. 이렇게 추운 날이면 가장 신경 쓰이는 것이 배터리이다. 배터리는 추운 날 제 기능을 하지 못하기 때문이다. 예컨대 평소라면 6시간 사용할 수 있는 배터리도 추운 날은 3시간만 사용할 수 있다. 그래서 가져간 배터리를 모두 완충을 해두고 다음 일을 하기로 했다.

혼자서 모든 작업을 해야 하니 가지고 온 장비는 현장에서 바로 사용할 수 있도록 준비했다. 가방에 녹음기와 믹서, 여분의 녹음테이프와 기록장, 헤드폰을 넣었다. 마이크는 윈드스크린에 조립해서 촬영이 끝날 때까지 사용하기로 했다. 모든 장비에 전원을 켜고 이상 없이 작동하는 것을 확인하고 났더니 어느덧 해가 저물어 날이 어둑해질 정도로 시간이 지나 있었다. 마지막으로 다음날 촬영할 순서를 확인하고 배터리를 체크했다. 준비를 하고 있는데 저녁 식사 시간에 다음날 있을 촬영 순서에 대해 회의를 한다고 했다. 첫날은 남한강 주변에서 촬영하는 일정이었다. 동이 트기 전에 집합해서 가장 먼저 주인공이 스케이트 타는 장면을 촬영하고, 해가 어느 정도 뜬 다음에는 극 중 언어 장애가 있는 또래 친구를 만나는 장면을 촬영하기로 했다. 마지막으로 집안에서 같이 밥을 먹는 장면을 촬영할 예정인데 집을 촬영할 장소도 그 주변이라고 했다.

(2) 첫째 날의 촬영

밤늦게까지 배터리를 충전하다 잠이 들었다. 5시에 알람 소리를 듣고 깨어났는데 방 안에 감도는 외풍의 냉기와 뜨뜻한 방바닥의 온기 때문인지 머리가 꽤 맑게 느껴졌다. 사용할 장비를 챙겨 들고 첫 촬영 장소로 가는데 꽁꽁 언 눈을 밟는 소리가 들렸다. 눈을 밟으면 '뽀드득'하는 소리가 들리는 것이 정상이다. 날씨가 춥고 동이 트기 전이라 잘게 갈아 놓은 얼음을 밟는 '사각사각' 소리가 난다. 스케이트 타는 장면은 꽁꽁 언 강 위에서 진행했다. 동이 터오고 해가 밝아오자, 눈 밟는 소리가 부드럽게 들렸다. 영화에 사용할 수 있도록 촬영 중간중간 짬이 날 때마다 눈 밟는 발소리를 녹음했다. 다른 소음을 제외하고 눈 밟는 소리만 녹음하기 위해 발 근처에 마이크를 위치시켜 녹음했다. '뽀드득 뽀드득' 하는 소리가 헤드폰으로 들려왔다. 그러다 어느 순간 '피융, 쩡' 하는 커다란 소리가 들렸다. 얼음에 금이 가는 소리였다.

아침까지는 촬영 중에 별문제가 없었다. 그러다 오전 9시가 지나자 어딘가에서 헬기 소리가 나기 시작하더니 여러 대의 헬기가 지나가는 소리가 들려왔다. 소리가 나는 쪽으로 감독과 나 그리고 촬영감독 등 몇 명이 같이 움직였다. 미군의 헬기가 강 주변에 있었다. 헬기는 프로펠러가 멈췄는데도 '쉬이익' 하고 바람 빠지는 소리를 내고 있었다. 우리의 인기척을 느꼈는지 천막 밖으로 미군이 나왔다. 감독은 그 미군과 대화를 하더니 난감한 표정을 지었다. 헌팅 왔을 때는 이런 시설이 없었는데 어떡하면 좋겠냐며 나에게 물었다. 오늘 촬영할 장면은 언어 장애가 있는 소녀를 만나는 장면과 집 안에서 같이 식사하는 장면이다. 이 장면들은 모두 대사가 있다. 헬기 소리가 배우들의 감정을 방해할 수 있다는 의견을 밝혔다. 후반 작업을 미국에 가서 진행할 예정이라 후시 녹음에도 어려움이 따를 수 있었다. 감독이 미군 막사로 들어가더니 한 미군 병사와 대화를 하며 나왔다. 미군은 심각한 표정이고 감독은 난처한 표정을 짓고 있었다. 잠시 후 감독이 나에게 오더니 미군이 한 말을 전했다. 헬기는 자동차처럼 바로 시동이 걸리는 게 아니라 예열을 시켜야 날 수 있어서 지금 시동을 끌 수가 없다고 했다. 여기서 언제까지 머무르는지 물어보니 상부의 지시가 떨어져야 한다고 했다. 국가의 명으로 하는 일이라서 민간인에게 이렇게 알려주는 것 자체가 안 되는 일이라고 했다.

하는 수 없이 촬영지로 돌아와서 감독에게 일단은 정해진 일정에 맞추어 진행하자고 말했다. 조용한 곳에서 현장 앰비언스와 대사만 따로 녹음해 주겠다고 덧붙였다. 다행히 소녀를 만나는 장소는 갈대숲이 헬기를 가려 주고 있어서 헬기 소리가 크게 들리지 않았다. 집 안에서 두 소녀가 밥 먹는 장소도 헬기가 있는 곳과 거리가 있어서인지 헬기 소음이 크게 방해되지는 않았다. 더군다나 방 안에 상을 놓고 앉아 대화하는 장면이라 현장에서 일하는 스태프들이 서 있어서 방음막 역할을 해주고 있었다. 하지만 혹시 모를 상황을 대비해서 감독의 오케이 사인이 떨어지자마자 대사만 몇 번 더 녹음해 두었다.

휴전선은 전쟁을 잠시 중단하거나 휴식을 취하기 위해 그어놓은 선이다. 우리나라는 아직 전시 상태이므로 녹음 작업을 할 때도 이를 염두에 두고 준비를 해야 한다. 서울의 사대문을 벗어나면 하늘에서 전투기들이 수시로 비행 훈련을 하는 것을 볼 수 있다. 헬기들도 언제 어디서 나타날지 모르는 일이다. 따라서 녹음기사는 이러한 환경적인 조건을 인지하고 현장에서 수시로 생겨나는 일들에 대처하는 능력을 반드시 갖추고 있어야 한다.

프리 프로덕션에서 촬영할 곳을 정하는 헌팅이 중요한 업무인 것은 틀림없다. 때문에 헌팅 할 때는 감독, 촬영감독, 조명감독, 연출부, 제작부, 미술감독 등 주요 스태프들과 함께 녹음기사도 참석해야 한다. 그리고 녹음기사는 헌팅 날 아무리 조용했던 곳일지라도 촬영 당일에는 어떤 일이 벌어질지 모른다는 사실을 염두에 두어야만 한다. 공사장의 소음이 들리는 곳을 촬영 장소로 잡는다면 촬영하는 당일까지 공사가 얼마나 진행되는지 대충이라도 파악해서 감독과 작업을 어떻게 할지 상의를 해야 한다. 지금 당장 공사장의 소음이 있으니 녹음하기 어려운 곳이라고 결정하는 것은 잘못된 판단이라고 할 수 있다.

(3) 둘째 날의 촬영

민박집의 방바닥은 뜨끈해도 외풍 때문에 머리가 띵할 정도로 공기가 차가워서 잠을 이루기 힘들었다. 촬영팀 몇 명과 같이 방을 사용했는데 누군가 소주 이야기를 꺼냈다. 문밖에 소주 상자가 있는 것을 봤던 나는 소주 한 병을 가져와 촬영팀과 나누어 마셨다. 역시 알코올은 몸을 따뜻하게 해주는 효과가 있었다. 술을 잘 못 하는 나는 몸 따뜻하게 하는 약으로 생각하고 종이컵에 한 잔 따라 들이켰다. 덕분에 편안히 잠들 수 있었고, 둘째 날의 촬영을 무사히 맞이할 수 있었다.

처음 촬영할 장면은 집 앞에서 만난 두 주인공이 나무로 된 대문을 사이에 두고 대화하는 장면이다. 겨울이라 땅이 메마르고 얼어 있어서 '쩌걱쩌걱'하는 발소리가 났다. 겨울이라서 둘의 대사가 차갑게 들렸다. 또한 시골이라 주변이 고요해서 배우의 음성이 깨끗하게 들렸다. 태양이 문 안쪽으로 빛을 비추고 있어 붐 그림자가 문 안쪽으로 떨어졌다. 배우에게도 그림자가 드리워져서 붐 마이크를 가까이 두기 어려웠다. 그러다 보니 풀 숏에서는 대화하는 소리가 멀게 들렸다. 두 배우의 오버 더 숄더 숏을 촬영할 때는 대사가 있는 부분부터 했기 때문에 두 배우 사이에 마이크를 아래에서 위, 입 방향으로 위치시켜 녹음할 수 있었다. 그러자 헤드폰으로 대사가 선명하게 들렸다.

(4) 조은령 감독과 함께한 소중한 시간

5회 차의 촬영이 모두 끝나고, 조은령 감독은 필름을 현상해서 모든 데이터를 가지고 미국으로 갔다. 그러던 어느 날 감독이 전화를 걸어왔다. 순간 녹음이 잘못된 것인가라는 걱정이 들었다. 그런데 미국에서 믹싱을 한 기사가 녹음을 훌륭하게 했다고 말했다는 소식을 들려주었다. 조은령 감독은 감사 인사를 하며 한국에 들어오면 다시 만나서 같이 작품을 하자고 했다. 5일간의 고생이 한순간에 뿌듯한 보람으로 바뀌는 순간이었다.

그렇게 준비한 단편영화가 <생(生)>(조은령, 1999)이라는 작품이다. 이 작품을 끝내고 조은령 감독과는 가끔 안부 연락을 주고받으며 지냈다. 나는 항상 어떤 일이건 기도로 믿음을 다진다. 조은령 감독을 처음 만났을 때 단지 일 때문이 아닌 믿음으로 함께하고 싶은 마음이 들었던 건 충실한 기독교 신자라는 걸 알게 되어서였다. 그는 어떤 상황이 닥치든 항상 미소 짓는 감독이었다. 일로 만났지만, 서로 도움이 된다면 언제 함께해도 기쁠 것만 같았고 녹음기사로, 영화감독으로 함께 성장해 가고 싶었다. 나에게는 하느님으로, 그에게는 하나님으로 다가가는 신이지만 종교를 떠나 믿음이 중요하다고 생각했다. 그래서 젊은 나이에 불의의 사고로 세상을 떠난 그가 더욱 안타까웠다. 지금도 조은령 감독이 생각나면 나는 기도를 하곤 한다. 하늘나라에서도 조은령 감독은 누군가를 위해 기도해 주고 있을 것이다. 이 자리를 빌려 다시 한번 故 조은령 감독의 명복을 빈다.

6) <Pop(팝)>(장호준, 1998) : 다큐멘터리의 동시녹음을 경험하다

장호준 감독과는 <낮은 목소리-아시아에서 여성으로 산다는 것>(변영주, 1995)의 믹싱 작업을 할 때 만났는데, 나이가 같다는 것을 알고 친구가 되었다. 그러면서 가끔 만나서 영화에 대한 이야기와 이런저런 이야기를 하는 사이가 되었는데, 어느 날 '델리스파이스'라는 그룹의 인터뷰와 음악 활동을 영화로 만들 테니 도와달라고 요청을 했다. 나는 흔쾌히 수락한 후에 감독과 자주 만나서 작품에 대한 이야기를 나누기 시작했다. 촬영 횟수는 3, 4

일 정도였다. 감독은 다큐멘터리 녹음에 중요한 몇 가지 사항을 미리 알려주었다. 배우로 나오는 인물들은 전문 배우가 아닌 음악을 하는 사람들이기 때문에 영화 현장에서처럼 녹음기사가 관여하면 안 된다고 했다. 대사를 크게 하건 작게 하건 녹음기사인 내가 알아서 녹음해야 하며, 카메라 앞에 있는 배우에게는 어떤 말도 해서는 안 된다고 했다. 다큐멘터리의 특성상 인위적인 연기가 아닌 있는 그대로의 분위기를 살리기 위해서라고 했다.

처음에는 반감이 일었다. 녹음기사에게 현장 녹음에서 가장 중요한 것은 대사의 전달력이다. 헤드폰을 쓰고 배우의 대사를 녹음하는 것과 헤드폰을 쓰지 않고 배우가 대사를 말하는 것을 보는 것에는 큰 차이가 있다. 후자의 경우 배우가 어떤 대사를 할지 미리 추측하게 된다. 이미 알고 있는 대사를 배우의 입을 통해 듣게 되면 특정 부분에서 배우가 발음을 얼버무렸다 하더라도 듣는 사람은 당연히 그 대사를 했을 것이라 생각하며 넘어갈 수도 있다. 녹음기사는 감독이 원하는 소리를 깨끗하게 잘 녹음하는 능력도 중요하지만, 배우의 목소리로 구현되는 대사를 정교하게 듣는 능력도 필요하다. 내가 녹음한 소리가 극장의 커다란 스피커를 통해 관객의 귀에 닿을 때는 아주 작은 소리라 해도 다 들리기 때문이다. 때문에 '나는 녹음기사라는 타이틀을 걸고 녹음을 하는 것인데, 극장에서 배우로 나오는 사람의 대사가 들리지 않으면 어쩌나'하는 생각과 배우가 대사를 얼버무리거나 소위 '삑사리'가 나면 녹음기사인 내가 말을 해줘야 하는데 그런 것도 안 된다면 어떻게 해야 할지 걱정이 밀려왔다. 장호준 감독은 내가 걱정하는 지점들이 오히려 이 영화에서는 중요한 부분이라고 말했다. 그런 부분이 없이 너무 완벽하기만 하면 다큐멘터리로서의 의미가 없다는 것이다. 이 작품을 계기로 상업영화 현장에서 내가 가지고 있던 태도 또한 변하기 시작했다. 의도에서 벗어나는 녹음 작업은 창작에 방해가 될 수도 있다고 생각하면서, 영화는 함께 만들어가는 작업이라는 것을 다시 한번 깨달았다.

3. 녹음기사로 살다 (2000~현재)

1) <해변으로 가다>(김인수, 2000) : 기사로서 책임감을 느끼다

영화 <해변으로 가다>는 상업영화로는 처음으로 녹음기사를 맡게 된 영화다. 일을 열심히 하니 상업 장편영화에서 녹음기사 데뷔를 하는 기회가 찾아왔다. 이 영화는 서울 촬영은 몇 회차만 있었고, 남해 상주에서 모든 촬영이 이루어졌다. 사용할 장비를 정리하자니 조수 때와는 다르게 기사로서 책임감을 느끼게 됐다.

(1) 사용 장비 준비 과정

녹음기는 나그라 IV-S를 사용하고, 오디오 믹서는 단편영화 촬영 때 사용한 PSC M-4 믹서를 사용했다. 당시 한양스튜디오에서는 선배님 두 분과 이영길 기사님이 작업을 계속하고 계셨기에 녹음 장비도 충분치 않았고 나와 같이 일을 할 사람도 많지 않았다. 그중 한 명이 나와 같이 일하기로 해서 둘이 함께 영화를 맡게 되었다. 상업영화는 보통 세 명이 한 팀으로 일한다. 하지만 조수로 활동했던 시절에 이 기사님과 둘이서 작품을 한 경험도 있고, 혼자서 단편영화 녹음을 한 경험도 있기에 일단은 자신감을 가지기로 했다.

사운드 카트는 휠체어에 스테인리스판을 얹어 사용했다. 1부에서 설명한 것처럼 사운드 카트는 영화나 드라마 제작 현장에서 녹음기, 믹서를 안전하게 올려놓고 사용하는 장비이다. 붐걸이가 있어서 붐 마이크를 걸어둘 수 있고, 헤드폰을 비롯해 동시녹음과 관련된 물건도 올려놓을 수 있으며, 바퀴가 달려 이동하면서도 사용할 수 있다. 사운드 카트가 없어도 녹음하는 데는 크게 지장이 없지만, 편의성과 편리성이 좋아 현장에서 유용한 장비이다.

마이크는 이 기사님이 사용하시던 노이만 KMR 81i 두 자루와 노이만 KMR 82i 한 자루를 준비했다. 견고한 박스에 부속품과 함께 넣어 다녔다. 이 마이크들은 감도나 소리, 흡입력이 좋은 반면 예민하고 충격에 약하므로 조심히 다뤄야 했다. 고가의 장비이기도 했지만 당장 이 장비가 없으면 일하는 데 큰 지장을 줄 수 있을 정도로 중요한 장비였기 때문이다. 녹음기사가 현장에서 해야 하는 일은 녹음이다. 장비가 망가져서 녹음을 못 하면 녹음기사이든 녹음 부원이든 현장에 있을 필요가 없는 셈이다. 그만큼 중요한 장비이기 때문에 사용하지 않을 때나 다른 현장으로 차를 타고 이동할 때는 반드시 케이스 안에 넣어 부속품과 함께 박스 안에 넣어 보관해야 한다.

마이크까지 정리한 후에는 녹음기사로서 현장에 가지고 다녀야 할 공구 몇 종류와 기록장으로 사용할 대학 노트 몇 권을 청계천과 방산 시장에서 구입했다. 준비해야 할 공구의 종류가 생각보다 많았다. 라디오 펜치(플라이어) 작은 것 한 개, 니퍼 작은 것 한 개, 인두, 줄납, 일자와 십자가 같이 있는 드라이버 큰 것 한 개, 작은 것 한 개, 시계 드라이버 세트 등을 작은 가방에 모두 넣어서 가지고 다녔다. 현장에 공구 가방을 가지고 다니는 이유는 전기선이나 마이크 케이블의 납땜한 곳이 떨어지면 정비할 수 있는 최소한의 연장이 필요하기 때문이다. 특히 지방에서는 인두나

납을 파는 곳이 흔치 않아서 지방 촬영 시에는 필수적으로 가지고 다녀야 한다. 이 외에도 나그라 헤드를 청소하는 약품인 사염화탄소와 유리관 퓨즈도 가지고 다녀야 한다. WD-40이라고 부르는 스프레이식 윤활유와 '구리스(grease)'라고 부르는 윤활유도 가지고 다니면 유용하게 쓸 때가 있다.

(2) 남해 상주 촬영

대부분의 촬영은 남해의 상주 해수욕장 근처에서 이루어졌다. 촬영 장소와 가까운 곳에 민박이 있어 같이 작업할 사람과 사용하기로 했다. 숙소와 촬영 장소는 걸어서 5분도 걸리지 않는 거리에 있어 장비는 촬영하는 곳에 미리 가져다 놓고 조립까지 해 놓았다. 만반의 준비를 마치고 예행 연습도 해봤다. 첫 촬영 전날, 술에 의존해서 긴장을 풀 수도 있었지만, 녹음기사로서 첫 발걸음을 내딛는 날이므로 항상 지니고 다니던 묵주를 가지고 실수 없게 해달라고 기도를 했다. 촬영을 시작한 당일은 큰 문제 없이 해냈다. 단편영화에서 녹음기사로 일한 경험과 선배님들의 어깨 너머로 현장 진행하는 모습을 보며 배워온 덕분이었다.

며칠이 지나자 긴장은 누그러졌지만, 현장에 임하는 책임감이 단지 녹음에 국한된 것만은 아니라는 것을 현장에서 몸소 깨닫게 되었다. 실내에서 촬영하는 어느 날이었다. 비가 온다는 예보가 있었지만, 스케줄을 소화하기 위해서는 작업을 진행해야만 했다. 비 오는 소리를 어떻게 할 것이냐는 피디의 질문에 촬영·조명 기사들과 관계자들의 시선을 한눈에 받게 되었다. 무거운 책임을 진다는 말이 무슨 뜻인지를 깨닫는 순간이었다. 녹음이 가능하다는 대답과 녹음할 수 없다는 대답 사이에는 큰 차이가 있었다. 나 혼자만의 일이 아니었기 때문이다. 실내 촬영이어도 조명팀은 야외에서 비를 맞으며 조명 일을 해야 했고, 제작팀도 야외에서 작업을 해야 하는 경우가 생길 수 있었다. 조수 때는 다른 부서의 친구들과 농담도 주고받곤 했는데 녹음기사가 되고 난 후에는 깊이 생각한 후에 책임감을 가지고 말을 해야 하는 위치가 된 것 같았다.

2) <친구>(곽경택, 2001) : 새로운 제작 현장을 경험하다

[사진-65] <친구> 시나리오 표지

(1) 곽경택 감독과의 만남과 새로운 작업 방법의 발견

충무로의 극동빌딩 뒤편에 있는 빌딩에 코리아픽처스 사무실이 자리 잡고 있다. 그곳에서 곽경택 감독님을 처음 만났다. 책상이 즐비한 사무실에서 감독님과 마주 앉아 열심히 하겠다는 인사를 했다. <친구> 시나리오를 주시며 강한 부산 사투리로 "강 기사님, '우자지간에'란 말 들어봤어요? 이 시나리오에 '우자지간'이란 단어가 나옵니다. 앞으로 잘 부탁해요. 일 끝날 때까지 잘 지내봅시다!"라고 하시며 시나리오를 서류 봉투에 넣어 건네주셨다. 기사로서의 두 번째 작품이고 누군가 날 믿어준다는 것에 기분이 좋았지만, 한편으로는 책임감이 더욱 무겁게 느껴졌다.

[사진-66] <친구> 시나리오와 콘티 북, 일일 콘티

　영화 <친구>는 조은령 감독의 단편영화 <생>에서 알게 된 황기석 촬영감독의 추천으로 맡았다. 시나리오와 촬영 대본이 나와 있는 상태여서 녹음하는 데 큰 어려움이 없으리라 생각했다. 황기석 촬영감독과 곽경택 감독은 뉴욕대학교 동문으로 알고 있다. 현장 편집기사도 한국계 미국인으로 미국에서 살다가 한국에 왔다고 했다. 감독님 또한 미국에서 영화 일을 배워와서, 일하는 과정이나 사람을 대하는 모습이 새롭게 느껴졌다.

　<친구>는 내가 배워온 문화와 전혀 다른 문화를 접하는 계기가 되었다. 당시 우리나라 영화 현장에서는 현장 편집이 행해지지 않았다. 필름을 사용하는 카메라와 녹음기의 동기화 작업이 중요하기 때문이기도 했지만, 한편으로는 그동안 해오던 방식에 안주했기 때문이라고 생각한다. <친구>를 촬영하는 현장에서는 아직 경험해 보지 못한 기술을 만날 수 있었다. 여자고등학교의 축제에서 여주인공 진숙이 노래를 부르는 장면은 고속으로 촬영하고, 녹음도 그에 맞춰 고속으로 녹음했다. 화면의 영상은 슬로

모션으로 재생해도 소리는 정속으로 재생할 수 있게 했다. 내가 소속한 한양스튜디오의 이영길 녹음기사님께 디지털 녹음기와 타임코드 슬레이트를 부산으로 가져와 주십사 부탁했다. 그 당시 이 기사님은 녹음 장비에 대해선 다른 녹음기사들보다 몇 년은 앞서 있었다. 미국에 있는 친구분과 장비에 대해 많은 대화를 했고, 실제로 미국에서 사용하는 장비를 사 오기도 하셨다. 그러면서 나에게도 장비를 살 거면 10년 후를 내다봐야 한다고 가르쳐 주셨다.

(2) 영화제작 과정과 녹음의 관계

영화제작 과정은 크게 프리 프로덕션, 프로덕션, 포스트 프로덕션으로 나뉜다. 동시녹음 팀이 참여해서 영화에 사용할 현장의 소리를 제작하는 단계가 프로덕션이다. 감독을 포함한 연출부, 촬영부, 조명부, 미술부, 제작부 등 현장에서 영상과 소리를 제작하는 부서들이 함께 일을 한다. 화면의 구도와 동시녹음이 무슨 관계가 있는지 의문이 생길 수도 있다. 배우들의 대사를 수음하기 위해 위치시킨 마이크나 조명에 의한 그림자가 연기자의 신체나 벽, 구조물 등에 드리워져 화면에 보일 수 있기 때문에 화면의 구도와 현장 녹음과의 관계는 매우 중요한 문제이다. 따라서 마이크나 그림자를 노출하지 않으면서 배우의 대사와 소리를 녹음해야 할 의무가 있다. 그런데 이렇게 작업하기 위해서는 기술이 필요하다. 첫 번째는 카메라 앵글과 조명 등을 고려해서 그림자나 붐이 보이지 않게 하는 기술이다. 두 번째는 소리가 너무 크거나 작지 않게 녹음하는 기술이다.

한 신은 보통 풀 숏, 웨이스트 숏, 버스트 숏, 클로즈업 숏 순서로 진행된다. 물론 신의 성격에 따라 롱 숏, 한 컷으로 갈 수도 있고, 멀리서 걸어오는 배우를 롱 숏으로 시작해서 중간 정도 다가왔을 때 웨이스트 숏, 카메라에 가까이 다가왔을 땐 버스트 숏으로 한 번에 촬영할 수도 있다. 이런 특별한 경우를 제외하고는 대화 장면은 보통 위의 순서대로 전개한다. 녹음 작업을 할 때 대사도 중요하지만, 앰비언스 또한 중요하다. 같은 공간 안에서 장면마다 앰비언스가 달라지면 관객들이 배우들의 대화에 집중할 수 없는 상황이 벌어진다. 그래서 시나리오를 읽을 때 영화 전체의 내용을 파악한 후에는 공간이 어떻게 나누어지는지를 살펴봐야만 한다. 내용과 공간을 파악하고 난 후에는 배우들이 어떤 감정으로 대사할지를 상상하면서 읽어봐야 한다. 그래야만 공간 앰비언스의 기준을 어디에 두고 녹음해야 하는지 파악할 수 있다. 앰비언스는 우리의 눈에 보이지 않는 것은 물론이고 귀로 들었을 때도 분별하기 쉽지 않다. 앰비언스는 헤드폰을 써야 들린다. 테이블에 앉아서 대화하는 배우에게 마이크를 위치시켜서 들어보면 앰비언스가 확연하게 차이 나는 것을 확인할 수 있다.

(3) 콘티의 중요성과 활용법

현장에서 말하는 '콘티'는 콘티뉴이티(continuity)를 가리킨다. 연속성이라는 뜻을 지니고 있으며 영화 용어로는 장면의 연속적인 흐름을 뜻한다. 콘티는 그림으로 장면을 표현한 만화

책과도 같다. 녹음기사나 붐 맨, 케이블 맨에게는 장면에 필요한 소리의 정보와 붐의 위치를 파악할 수 있는 일종의 도면이라고 할 수 있다.

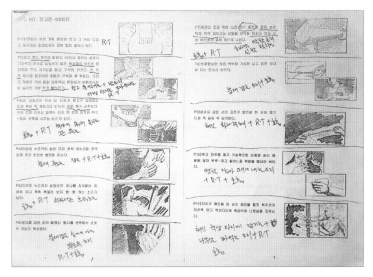

[사진-67] 부산 영도다리 아래 선착장에 정박한 배 위에서 촬영한 <친구> 첫 회차의 일일 콘티. 숏의 종류에 따라 어떤 소리가 중요한지 적어놓았다. 장면의 소리가 대부분 싸우는 호흡으로 채워져 있다.

콘티 상의 그림은 장면의 영상에 그대로 표현이 된다. 위의 콘티는 영도다리를 걸어오며 네 명의 어린 주인공이 대화하는 장면이다. 화면의 첫 부분에서 영도다리 전경이 나온 후에 통통배가 등장한다. 이후 다리 건너편에서 걸어오는 네 명의 어린 주인공들이 보인다. 화면에 표현되는 그대로를 녹음하면 배우의 음성이 들리지 않아야 하지만, 영화에서는 사운드의 선행을 이용해 다리를 건너오며 대화하는 배우들의 대화 소리가 들려야 한다. 그런데 이들이 대화하는 음성을 붐 마이크로 녹음하기에는 거리가 멀어서 무선 시스템을 사용해 음성 녹음을 했다. 무선으로 그들의 음성을 수음하는 것이라 음질은 좋지 못했다. 속이 비치는 의상 때문에 가슴 부분에 라발리에를 장착하지 못하는 배우가 있어서, 배우의 맞은편에 자리한 다른 배우의 어깨 부분에 라발리에를 장착해서 음성을 수음하기도 했다.

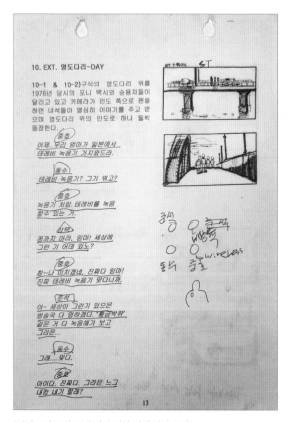

[사진-68] 주인공 네 명의 어린 시절 장면 콘티

이 장면의 대사는 후반 작업을 할 때 대사 녹음을 하기로 감독님과 상의했다. 콘티가 없이 일했다면 사전에 이런 준비를 하지 못했을 것이다. 대사 녹음에 관한 이야기도 촬영에 들어가기 전

감독님과 미리 상의해야 한다. 촬영 당시에는 아무 말도 하지 않고 있다가 촬영이 끝난 다음에 이야기하면 연출부에서는 현장에서 녹음한 소리를 사용해도 되는 줄 알고 대비책을 준비하지 못하기 때문이다. 이것은 작업에 꼭 필요한 일이기도 하지만, 감독에 대한 예의를 갖추는 일이기도 하다.

영도다리의 통행을 막고 촬영하느라 주어진 시간 안에 작업을 끝내야 했기 때문에 지체할 시간이 없었다. 배우들이 어떻게 대사를 했는지 알아들을 정도만 된다면 대사 녹음으로 충분히 녹음할 수 있는 대사라고 판단했다. 배우들의 대사가 잘 들리지 않거나 음질이 좋지 못하다고 현장에서 다시 녹음하자고 하거나 그들의 대사만 녹음하려고(Sound Only) 했다면 문제가 생겼을 것이다. 이처럼 녹음기사는 제작 현장의 상황을 판단하는 능력도 갖추어야만 한다.

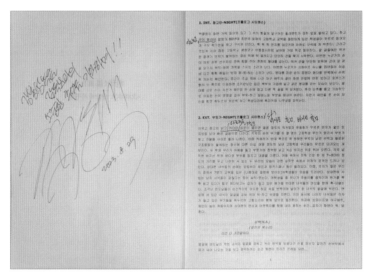

[사진-69] <친구> 시나리오와 곽경택 감독 사인. 책에 들어갈 <친구>의 내용을 허락받기 위해 오랜만에 감독님을 만나, 소장하고 있던 시나리오 앞장에 사인을 받았다. 시나리오의 앞표지를 넘기면 "친구(親舊) 오래 두고 가깝게 사귄 벗"이라는 글귀가 있다.

3) <최종병기 활>(김한민, 2011) : 녹음기를 메고 마이크를 들고 뛰어다니다

김한민 감독님과는 <그렇게 김순임은 강두식을 만났다>(김한민, 1999)로 인연을 맺었다. 한양스튜디오 사무실에서 대걸레를 들고 한창 걸레질을 하고 있는데 감독님이 들어오셨다. 누구를 찾아오셨냐고 물어보니 동시녹음을 하러 오셨다고 했다. 잠깐 자리에 앉아 계시라 하고 미팅을 진행했다. 지금 생각하면 청소를 하다 만난 타이밍이 나 자신을 낮추는 데 한몫을 한 것 같다. 예의 있게 잘 차려입은 감독님의 모습과 걸레질을 하던 내 모습이 대조적이었지만 진지하게 이야기를 나눌 수 있었다. 현장에서 감독님은 모든 사람에게 예의를 갖춰 상대하셨다. 그리고 일에 있어서는 무서울 정도로 집중하고 몰입해서 하시는 분이라는 걸 느꼈다. 몰입감과 집중력이 누군가에게는 존경받을 만한 모습이기도 하면서 누군가에게는 무시무시한 느낌을 줄 수도 있다는 것을 느끼게 한 분이었다.

[사진-70] <최종병기 활>의 안면도 신두리 사구 촬영 현장. 말에 타고 가는 배우들을 촬영하는 장면으로 붐 마이크를 배우들에게 지향한 채로 따라가고 있다.

영화 <최종병기 활>은 카메라의 움직임이 많은 영화였다. 촬영감독이 카메라를 들고 뛰어다니며 영상을 만들어냈다. 동영상 기능이 있는 스틸용 카메라로도 촬영했기에, 현장에서 녹음 작업을 할 때 어려움이 많았던 작품이다. 산에서 많은 장면을 촬영했기 때문에 위험 요소도 많았지만, 산속에서 들리는 앰비언스나 배우들의 음성이 차지게 들리는 것은 장점이었다. 배우가 타고 있는 말이 얼마나 빨리 뛸지, 카메라 감독이 언제 어디로 뛰어갈지 모르기 때문에 녹음기와 마이크를 들고 같이 따라다닐 수밖에 없는 상황이었다. 마이크 케이블을 연결해서 녹음하면 케이블의 길이만큼만 움직일 수 있다. 이런 경우 만약 배우나 카메라가 멀리 가면 자칫 중요한 장면의 소리를 녹음하지 못할 수 있다. 또한 뛰어다니는 배우나 스태프가 케이블에 걸려 넘어지는 위험한 상황이 생길 수도 있다. 무선 시스템을 사용한다 해도 전파를 잡는 거리가 정해져 있기 때문에 녹음에 어려움이 생기는 것은 마찬가지였다.

[사진-71] 전주의 상관 편백나무 숲에서 <최종병기 활>을 촬영하는 모습

[사진-71]은 배우들의 호흡을 녹음하려고 녹음기와 마이크를 가지고 뛰어다니다 잠시 쉬는 모습이다. 지친 표정이 얼굴에 그대로 드러나 있다. 현장에서 무거운 녹음기를 메고 뛰어다니니 주변의 스태프들이 그러다 쓰러지겠다고 걱정을 했다. 현장 녹음한 소리를 쓸 수 없으면 후반 작업에서 대사 녹음을 하라고도 했다. 하지만 소리를 쓸 수 있고 없고를 떠나서 일에 최선을 다해야 하는 것은 당연하고, 나의 이런 노력이 누군가에게든 도움이 된

[사진-72] 압록강으로 끌려온 포로들을 촬영하는 모습. 오디오 하네스에 녹음기를 메고 한 손에 마이크를 들고 카메라 쪽으로 걸어가고 있다. 얼마나 뛰어갈지 모르기 때문에 만반의 준비를 한 모습이다.

[사진-73] 아차산 고구려 유적전시관 뒤 절벽 위에서 액션용 와이어에 매달려 절벽을 오르는 배우들의 장면을 촬영하는 모습. 절벽 위에서 배우들에게 붐 마이크를 지향하고 있다.

다고 생각하며 작업에 임했다. 현장의 소리를 바로 사용하지 못하더라도 현장의 소리가 제대로 녹음되어 있어야 후시 녹음이든 대사 녹음이든 할 수 있으니 녹음기사인 나로서는 최선을 다할 수밖에 없었다.

촬영을 진행하다 보면 위험한 상황에서 작업해야만 하는 상황도 생긴다. [사진-73]은 높이 50미터 정도 되는 절벽 위에서 촬영하는 모습이다. 나 또한 절벽에 서서 마이크를 지향해야 했기 때문에 암벽등반용 하네스를 입고 밧줄에 묶었다. 일하는 사람이 안전하게 일을 해야 같이 일하는 배우나 다른 스태프들도 안심하고 작업할 수 있다. 카메라는 절벽 아래와 절벽 위에서 배우들을 촬영했다. 완성된 영화에서는 절벽을 뛰어서 맞은편 절벽으로 가는 장면으로 편집한 장면이다. 이 장면은 여러 대의 카메라로 촬영했는데, 이렇게 여러 대의 카메라로 촬영을 할 때 카메라가 무엇을 촬영하는지를 알아야 한다. 각각의 카메라가 어떤 화각으로 영상을 만드는지, 추후 어떻게 편집이 될지 등을 알아야 한다. 이런 것들을 파악하면 영상의 흐름을 알 수 있다. 그러면 어떤 소리를 수음해야 하는지 감도 생긴다. 예를 들어 배우가 활 쏘는 장면을 촬영한다고 가정해 보자. 카메라 한 대는 인물의 얼굴을 클로즈업으로 촬영하고, 또 한 대는 웨이스트 숏으로 활 쏘는 전체 모습을 촬영하고, 나머지 한 대는 활을 쥔 손과 활촉을 같이 촬영할 것이다. 세 대의 카메라로 촬영한 그림들이 어떻게 전개될지는 감독과 편집기사의 몫이지만, 현장에서 어떤 소리를 녹음해야 하는지는 녹음기사의 몫이다. 이때 어떻게 편집이 될지를 머릿속으로 상상해 보면 어떤 소리를 녹음해야 할지 알 수 있다. 그중에서도 호흡은 매우 중요한 소리이다. 녹음기사라면 인물의 호흡을 녹음하는 것이 중요하다는 것을 알 것이다. 호흡은 소리를 연결하는 역할을 하기 때문이다.

이렇게 중요한 호흡을 비롯해 배우들의 소리를 놓치지 않기 위해 오디오 하네스를 이용해 녹음기를 몸 앞으로 둘러맸다. 그리고 한 손에는 마이크를 들고 뛰기 시작했다. 영화의 성격상 어느 한 곳에 자리를 잡고 녹음하기가 힘든 상황이었다. 청나라의 특수부대원들이 조선의 궁도 남이(박해일)를 잡으려 전속력으로 달리는 장면이었다. 그러다 어느 순간 멈추어 상대의 동선을 살피고 작전을 계획하는 행동 등이 이어진다. 카메라는 배우를 따라 달리기도 하고, 그들이 멈추는 곳에서 표정을 영상에 담기도 한다. 산기슭을 내달리는 배우들의 발소리와 중간중간 터져 나오는 호흡이 거칠었다. 헤드폰으로 듣는 그들의 발소리며 숨소리는 지저귀는 새 소리와 나무에 부는 바람 소리와 어우러졌다. 마이크를 잡고 있기에 나조차도 차오르는 숨을 제대로 몰아쉬지 못하던 중이었다. 조감독의 "컷" 소리가 쩌렁쩌렁 울리자 숨죽여 뛰던 몇몇 스태프들과 나는 참았던 숨을 토해내듯 몰아쉬었다. 배우들도 가쁜 숨을 몰아 내쉬었다. 배우들은 의상과 소품의 무게 때문에, 촬영감독은 무거운 카메라를 들고 배우들의 모습을 영상에 온전히 담아내기 위해 숨을 제대로 쉬지 못했다. 나 또한 현장의 일원으로서 메고 있는 녹음기의 무게와 마이크의 충격을 최소화하기 위해 숨을 내쉬지 못했다.

3) <명량>(김한민, 2014) : 싸우는 소리를 만들어나가다

[사진-74] 천만 돌파 기념으로 받은 <명량> DVD. 김한민 감독의 감사 인사와 사인이 들어가 있다.

CG와 특수효과가 많은 <명량>은 계획을 잘 수립해야 하는 영화였다. 처음 시나리오를 읽을 때 육지에서의 분량과 바다에서 전투가 일어나는 분량을 어떻게 녹음해야 할지 고민을 많이 했다. 시나리오를 읽어보니 대화로 이루어진 드라마 부분과 몸싸움을 하는 무술 부분, 배에서의 전투 장면 등 다양한 장면이 등장했다. 촬영에 들어가기 전 육지에서의 드라마 장면과 CG가 들어가는 장면, 바다에서의 전투 장면과 드라마 장면, CG 장면 등에서 무엇을 중요시해야 하는지 미리 계획을 세워야 현장에서 어려움 없이 녹음을 진행할 수 있는 상황이었다.

[사진-75] 8개월이라는 기나긴 여정에서 안
내자 역할을 한 <명량>의 드라마
콘티 북, 해전 콘티 북, 시나리오 북

[사진-76] <명량> 광양 해전 세트 전경

[사진-77] 2013년 5월 4일 65회차 촬영이 있던 날 <명량>의 세트장 모습. 캐노피 안 사운드
카트 너머로 구선이 보인다. 이 촬영에서 이순신 장군의 중요한 대사인 "오지 않고
뭐 하느냐! 내가 회오리가 구선을 대신하고 있지 않느냐!"를 녹음했다.

(1) 해전 신의 세트 촬영과 '싸우는 소리'를 만들어 가는 작업

드라마 부분은 주로 배우와 배우의 대화로 이루어져 있지만, 전투 장면은 녹음할 때 고려해야 할 사항이 많았다. 전체적인 전투 장면, 전투 중간중간 배우들의 대사가 들어가는 장면, 큰 배끼리 싸우는 장면 등이 기다리고 있었다. 그중 전투를 전체적으로 보여주는 장면은 배 갑판이 주 무대이다. 이 부분에서는 병사들의 함성과 호흡을 녹음해야 했다. 싸움 도중 벌어지는 대화의 경우, 명령이나 보고를 하는 대사가 많았다. 다행히 시끄러운 주변 상황을 감안해 배우들이 크게 발성했기 때문에 비교적 쉽게 녹음할 수 있었다. 배 전체 상황을 보여주는 장면도 배우들이 등장하는 장면이라면 함성이나 호흡을 녹음해야 했다. 그럴 때는 배에 숨어서 녹음했다. 카메라가 배 전체를 촬영하고 있었지만, 배의 난간 부분에 숨어 있으면 카메라에 잡히지 않기에 가능했다.

육지에서의 드라마 장면은 크게 세트 촬영과 야외 촬영으로 나뉘었다. 세트 촬영은 왜군과 조선군이 노를 젓는 장면 위주로 촬영을 진행했다. 여기에서는 힘들게 노질을 하는 노꾼들의 모습과 그들을 지휘하는 적군 장수의 모습이 담겼다. 배우들은 급박하거나 위기에 처한 상황, 녹초가 된 상황을 연기했다. 곧이어 포탄에 맞아 배 벽이 무너지고, 바닷물과 나무 파편이 배 안으로 날아들고, 물줄기가 폭포수처럼 쏟아져 들어오는 장면을 촬영했다. 노꾼들이 이리저리 튕겨 나가는 등 배 안이 아수라장이 되는 부분이다.

이 세트 촬영에서 노 젓는 조선군들의 구호인 "어지기 영차"

는 휴대용 스테레오 녹음기를 이용해 별도로 녹음했다. 마이크 두 자루를 스테레오 폴(Stereo pole, 마이크를 양쪽으로 설치하여 사용하는 바)에 조립하여 녹음했다. 한편 태스캠 dr-100 녹음기로는 B 카메라를 따라다니며 녹음했다. 대사가 있을 때는 노이만 KMR 81i 마이크로 녹음했다. 배우들에게는 최대한 외치듯 대사를 해 달라고 부탁했다. 배우의 뒤편에서 연기하는 노 젓는 사람들의 구호는 태스캠으로 녹음한 소리를 사용하면 됐다. 이순신 장군이 타고 있는 배의 옆구리가 파괴되는 장면이나, 왜선이 파괴되는 장면 등에서는 배우들의 신음과 혼비백산하는 소리를 담아야 했다. 스테레오로 녹음하고, 영상에 나오지 않는 부분의 소리는 휴대용 스테레오 녹음기를 이용하기로 했다. 나무로 만들어진 배 전체에 울리는 구호, 병사들의 신음 등을 통해 현장감을 담기 위해서였다.

이 녹음 작업을 할 때는 <황산벌>(이준익, 2003)에서의 경험이 많은 도움이 됐다. <황산벌>에는 욕 싸움 장면이 있었다. 망루 위에 일렬로 서 있는 병사들이 각자 소리를 지르며 야유를 하는 장면이었다. 카메라는 좌측 끝에서 우측 끝까지 팬을 했다. 그때 소리를 어떻게 표현할지 고민한 끝에 좌측 병사들 쪽에 스테레오 마이크를 설치하고, 우측에도 동일하게 스테레오로 마이크를 설치했다. 좌측과 우측의 소리를 스테레오로 각각 녹음하면 좌측, 중앙, 우측의 모든 소리를 담을 수 있기 때문이다. 넓은 현장에서 수많은 배우들이 외치듯 소리를 지를 때 발생하는 소리의 울림이나 주변의 산에 부딪혀 메아리로 돌아오는 함성처럼 공간에 울리는

소리는 현장에서 녹음하지 않고는 만들어 낼 수 없다. 따라서 <
황산벌>의 경험은 나무로 만들어진 배 내부에 울리는 구호를 완
성하는 데 큰 도움이 되었다.

(2) 특수효과와 녹음 작업

해전 장면은 전남 광양의 항만 주차장에 만들어 놓은 세트에서
촬영했다. 조선군과 일본군의 배를 특수 장비에 올려놓고 촬영을
했다. 배가 출렁이는 효과를 만들기 위해 특수 장비의 엔진을 켜
고, 배 주변에 커다란 강풍기를 사용해 바람 효과를 냈다. 사람이
들고 다닐 수 있는 크기의 소형 강풍기를 사용해 배우들의 수염
에도 바람 효과를 주었다. 해전 장면은 드라마 부분과 특수효과
부분, 무리 지어 싸우는 백병전 등으로 이뤄져 있었다. 백병전 장
면은 싸움할 때의 기합, 괴성, 신음이 주요 소리였다. 비록 비명이
나 괴성이었지만, 일본어 선생님의 도움을 받아 일본군의 소리와
조선군의 소리를 구별할 수 있게 했다.

특수효과 부분은 주로 총탄, 화살촉 등이 날아와 배에 박히는
소리, 갑판의 일부분이 파괴되는 소리, 배우들이 숨는 소리 등이
대부분이었다. 대사가 있는 장면은 여러 대의 카메라가 각기 다
른 위치에서 촬영했다. 카메라의 위치는 제각기 달랐지만, 모두
인물의 얼굴만을 촬영했기 때문에 마이크를 배우의 턱 아래 위치
시킬 수 있었다. 덕분에 배우의 음성만을 집중적으로 수음할 수
있었다.

현장에서는 특수효과 장비들로 많은 소음이 발생한다. 그렇다 해도 이러한 여건 때문에 동시녹음을 포기할 수는 없다. 현장에서 녹음한 소리를 사용하는 것이 가장 좋은 방법이기 때문이다. 꼭 그 소리를 영상에 사용하지 않더라도 현장에서 배우가 어떤 대사를 어떤 감정으로 했는지 복기하는 데 도움이 된다면 녹음기사로서는 그것만으로도 중요한 임무를 달성한 셈이다. 여기에다 좀 더 욕심을 낸다면 대사만이라도 에스오(SO)로 여러 번 녹음해 볼 수 있다. 감독이 선택할 수 있게 하는 것 또한 녹음기사의 몫이기 때문이다. 물론 이러한 상황에서는 특수효과 소리가 녹음을 방해할 수도 있다. 하지만 배우의 입 가까이 마이크를 잘 위치시킨다면 최적의 소리를 녹음할 수 있다. 현장 상황이나 여건을 뛰어넘어 어떤 상황이건 최선을 다하는 것, 그것 또한 녹음기사의 중요한 의무다.

5) <부산행>(연상호, 2016) : 녹음 과정을 기록하다

자신이 맡은 업무인 현장 녹음이 아무리 중요하다 할지라도 영화의 제작 여건과 전체 예산을 고려해서 소리를 포기해야만 하는 상황이 있다. <부산행>은 높은 전류가 흐르는 기차역 안에서의 장면이 있는 관계로 붐 사용에 제한이 있었기 때문에 포기해야 하는 부분이 있는 영화였다.

(1) 영화 크랭크인 전 확인해야 하는 것들

① 사전 회의

보통 크랭크인 전에 영화사에서 프로듀서, 감독과 미팅을 한다. 프로듀서와는 영화의 전체 예산과 현장에서 일하는 기간, 녹음팀의 예산에 대해서 협의를 한다. 또한 후반 작업을 할 믹싱 녹음실에 관해서도 이야기한다. 영화의 전체적인 흐름이나 현장에서 특별히 신경 써서 녹음해야 할 부분이나 앰비언스 녹음 등을 이야기하고 시나리오를 받는다. 현장 상황을 체크해야 하는 것은 다음과 같은 것들이다. 예를 들어 영화제작 기간 중 비행기가 다니는 길이나 찻길 옆 도로에서 촬영할 때는 주변 소음에 더욱 신경이 쓰이기 마련이다. 이렇게 주변 소음에 신경을 쓰다 보면 배우의 대사에는 신경을 못 쓰게 되는 경우가 있다. 따라서 녹음기사는 대사 녹음을 할 때 후시 녹음이 가능한지를 사전에 알아야 한다. 이는 단순한 대화 형태의 대사인지 감정이 들어가 있는 대사인지에 따라서 달라진다. 물론 후시 녹음이 아예 불가능한 일은 없다. 그러나 현장에서 혼신의 힘을 다해서 연기할 때 나오는 대사와 호흡은 대사를 녹음실에서 화면을 보고 따라 하는 대사와 호흡과는 많은 차이가 있다. 시간이 지난 후 촬영할 때의 감정을 살려서 하기에는 어려움이 있기 때문이다. 이처럼 감정이 들어간 대사는 가급적이면 현장에서 녹음한 분량을 사용하는 것이 좋다. 그러므로 사전에 제작팀과 상의하여 주변에 필요 없는 소음을 미리 통제하거나 차단해야 한다. 미리 소음을 신경 쓰지 못하면 촬영을 진행하고 있는 도중에 소음을 차단해야 할 수도 있다. 때에 따라서는 소음을 제거하는 일이 불가능할 수도 있기 때문에 반드시 사전에 주변 소음을 체크해야 한다.

또한 배우들이 재녹음할 때 하기 힘든 대사나 호흡, 애드립 등을 최대한 녹음해서, 영화를 관람하는 관객들에게 현장감 있는 소리를 전달해야 한다. 물론 현장에서 녹음한 모든 소리가 완성된 영화에 그대로 나오는 것은 아니다. 불필요한 주변 소음과 순간적으로 발생하는 소리 등으로 인하여 현장에서 녹음한 소리를 사용하지 못하는 경우도 생긴다. 편집을 했는데 배우의 대사 톤이 앞뒤 장면과 맞지 않거나, 마이크의 위치 설정이나 현장 믹싱에서 문제가 생겨 후시 녹음을 해야 할 때도 있다. 또한 편집 과정에서 음악이 배경으로 들어가거나, 감독의 의도에 따라 배우의 대사만 들리도록 해야 하는 경우도 발생한다.

② 시나리오 분석
시나리오를 받으면 여러 번 읽어보고 재녹음이 가능한 부분이 어디인지, 불가능한 부분이 어디인지 표시를 해둔다. 멀리서 들리는 공사장 소음이나 제작팀이 막기 어려운 소음이 있는 경우 재녹음의 가능 여부와 대사 여부를 신속히 판단해야 현장에서 시간을 아낄 수 있다. 녹음기사는 자신이 녹음해야 할 촬영 장소에 대하여 세밀히 파악해야 한다. 특히 우리의 눈에 보이지 않는 곳에서 들리는 소리에 신경을 많이 써야한다. 예를 들어 주택가 도로에서 촬영하는데 시냇물이 '졸졸졸' 흐르는 소리가 들린다면 난처해진다. 주위를 아무리 둘러봐도 시냇물이 흐를 만한 곳은 없다면 이럴 때는 마이크가 위치한 곳 주변을 먼저 살펴보아야 한다. 그 주변에 하수구 맨홀이 있는지, 주변 집에서 물을 쓰는 것은 아닌지, 어느 집 옥상에서 연통을 타고 내려오는 물소리는 아닌지 등등 여러 가지 상황이 있을 수 있다. 이처럼 어느 현장에서든 돌발적으로 발생하는 소리는 항상 존재한다. 이런 소리를 촬영 도중에 찾으려고 하면 그만큼 시간을 소비하고, 나아가 부서를 기다리게 할 수밖에 없다. 사전에 세밀히 파악해 둔다는 것은 촬영 도중에 돌발 상황이 벌어지는 경우 미리 준비한 담요나 헝겊 등으로 바로 소음을 차단할 수 있도록 준비한다는 의미다. 촬영하기 전에는 소리가 들리지 않더라도 현장에서는 어떤 소리라도 들릴 수 있다고 예측할 수 있어야 한다. 이것은 경험을 통해 체득하는 것이다.

녹음기사는 현장을 눈으로 보는 것 말고도 눈으로도 들을 수 있어야 한다. 눈으로 듣는다는 것은 이런 뜻이다. 방 안에서 녹음하건, 세트장에 방을 지어서 녹음하건, 누군가의 집을 빌려서 녹음을 하건, 그 방은 여러 가지 소품들로 채워져 있을 것이다. 그러면 녹음기사의 눈에는 벽에 걸린 시계가 가장 먼저 보여야 한다. '째깍째깍'하는 시계 돌아가는 소리를 눈으로 듣는 것이다. 다음으로는 창문 밖에서 들리는 소리를 본다. 창문 밖이 대로인지 골목길인지 혹은 마당인지, 나무는 있는지 없는지, 아래로 수도관이 지나는지 등을 살핀다. 밖이 도로라면 지나가는 차 소리와 오토바이 소리, 사람들 떠드는 소리 등이 들릴 것이다. 나무가 있는 마당이라면 나무에 바람이 스치는 소리가 들릴 것이다. 한여름에는 매미나 벌레들 소리가 녹음에 장애를 줄 수 있다. 이처럼 눈으로 듣는다는 건 그 장소에서 발생하는 소리나 소음을 사전에 파악한다는 뜻이다. 일상에서는 벽시계의 소리가 들리는 게 당연하다. 하지만 촬영 현장에서는 자신들이 맡은 일에 신경을 쓰느라 바빠서 그 누구도 작은 소리에 신경을 쓰지 못한다. 심지어는 경험 많은 녹음기사라도 분주하고 시끌벅적한 현장에 있다 보면 깜빡 잊고 넘어갈 수 있다. 이런 현장에서 작은 소리도 놓치지 않는 것이 녹음기사의 의무이다. 따라서 사물이나 현상을 관찰할 때, 마이크를 통해 헤드폰으로 들리는 소리를 눈으로도 들을 수 있어야 한다.

③ 현장 녹음 장비 목록 공유와 장비 점검

사전에 현장에서 사용할 장비 목록을 만들어 조수들과 공유해야 한다. 조수들도 장비의 사용 방법과 장비의 위치를 잘 숙지하고 있어야 하기 때문이다. 촬영 도중 녹음기사가 현장을 떠날 수 없는 경우, 붐 맨이나 붐 보조에게 특정 장비를 가져오라고 지시한다. 그것이 어떤 장비인지 몰라서 혹은 장비가 어디에 있는지 찾느라 시간이 지체되는 일이 없어야 한다. 또한 조수가 장비의 사용 방법을 모른다면 녹음기사가 일일이 참견할 수밖에 없다. 이렇게 되면 정작 주의를 기울여야 하는 녹음이나 믹싱하는 일에 집중할 수 없다. 그러므로 장비 사용법과 위치 숙지가 더욱 중요한 것이다. 장비가 준비되면 녹음기와 믹서, 마이크, 각종 케이블, 충전용 배터리, 충전기, 헤드폰 등이 잘 작동하는지 테스트 녹음을 해서 확인한다.

(2) 영화 크랭크인 후 확인해야 하는 것들

촬영 현장에서는 가급적 조용한 장소에서 녹음해야 한다. 헤드폰을 쓰고 있어도 주변의 소음이 크면 헤드폰으로 들리는 소음인지, 자신의 몸을 타고 들리는 소음인지 분간이 되지 않을 때가 종종 있다. 그렇게 주변 소음이 많은 곳에서 녹음한 소리를 조용한 곳에서 다시 들어보면 예상했던 것보다 많은 소음이 함께 녹음된 것을 확인할 수 있다.

① 현장 분석하기와 현장 세팅

현장에 도착한 녹음기사는 조수들에게 사용할 장비를 세팅하라고 지시한다. 또한 배우가 연기를 할 촬영 장소에 필요 없는 소음이 있는지 확인하고, 소음이 있다면 제작팀과 상의하여 촬영 시작 전에 제거한다. 냉장고의 팬이 돌아가는 소리, 시계의 초침 소리 등 화면에 표현하지 않는 소음과 배우의 대사 녹음을 방해하는 소리, 마이크 이동 시 변화하는 소리 등을 찾아내 제거해야 한다.

② 콘티 확인과 장비 확인

현장에서 받은 콘티를 보고 대사가 있는 부분과 호흡이 있는 부분에 표시해 둔다. 각각의 화면에 어떤 소리가 있는지 표시해 놓으면 일이 수월해진다. 그다음에는 장비의 조립 상태를 확인하고 레벨 톤, 테이프 번호(저장 매체의 번호), 날짜, 장소를 녹음해 놓는다.

(3) 작업 관련 메모

① 전체적인 방향

- 각 장소에서 배우들의 대사를 어떻게 수음할 것인가?
- 화면에 단독으로 보이는 배우의 대사는 붐 마이크를 사용할 것인가?
- 기차나 역사 안에서 배우와 카메라의 이동이 있어 붐을 이용하기 힘든 경우 카메라 주위에 마이크를 장착한다.
- 마이크 방향은 카메라가 바라보는 방향으로 하여 카메라와 같이 움직여야 한다.
- 배우가 있는 곳에 구조물이 있다면 그곳에 숨어서 마이크를 지향한다.

② 기차 안 촬영

- 사람들 웅성웅성하는 소리
- 웅성거림에서 시작해서 모두가 비명을 지르고 혼비백산하는 소리
- 한 사람이 감염자로 변하면서 발작하는 소리
- 한 감염자가 으르렁대는 소리, 발작, 광란하는 소리
- 감염자들이 으르렁거리는 소리, 발작하는 소리

③ 기차 밖 촬영

- 기차 밖에서 주요 배우들의 대사나 호흡은 주 녹음기로 녹음
- 기차 안 감염자의 으르렁 호흡, 발작할 때의 호흡, 광란적인 호흡
- 기차 안 감염자들 으르렁거리는 소리, 발작하는 소리 등은 보조 녹음기로 따로 녹음

④ 행신역 녹음

- KTX 시동 거는 소리("도레미파솔라시도" 화음의 RPM 올리는 소리
가 들린다)

- KTX가 천천히 전진하는 소리(기차의 연결 부분이 철컹하는 소리
가 가까운 곳부터 멀리 있는 곳까지 들린다)

- KTX가 빠르게 지나가는 소리(KTX 전라선인 전주에서 상관 가
는 길)

⑤ 부산 철도 차량 관리단 내부 녹음

- 디젤 기차 시동 거는 소리, RPM 올리는 소리

- 천천히 전진하는 소리, 빠르게 지나가는 소리

- 기차와 기차가 연결되는 소리, 브레이크 잡는 소리

- 철로 연결 부분 "철컹"하는 소리

[사진-78] 정비소 끝에 정차한 KTX   [사진-79] 정비소 중간에 위치한 KTX

위의 사진들은 <부산행>의 주 무대 공간인 기차 안팎의 정보
를 녹음하기 위해 기록한 것이다. 촬영에 앞서 정비소로 들어와
정차하는 KTX와 시동을 거는 소리를 녹음했다. 공간의 정보를
글로 표현하기 힘들 때는 사진으로 정보를 남겨두어야 한다.

[사진-80] 7010 디젤(disel) 기관차　　　[사진-81] 7305 디젤 기관차 시동 거는 소리
앞에서 녹음 준비　　　　　　　　　　녹음 준비

위의 사진들은 7305 디젤 기관차가 시동을 켤 수도 있다는 정
보를 듣고 기차의 정보를 사진으로 남겨둔 것이다. 이때 녹음한
소리는 시동 거는 소리와 기차 경적이 내뿜는 기적 소리였다. 주
변에 기관차들이 통행했기 때문에 움직이지 않는 기차 앞에서 녹
음할 준비를 하고 사진으로 기록했다.

(4) 후반 작업 대사 녹음

감염자와 대치하는 곳은 역사 안, 계단처럼 KTX 내부와 외부
에서 많이 이루어지기 때문에 KTX, 역사 안 환경과 관련된 많은
소리가 필요했다. 화면 바로 앞에 위치하는 감염자의 소리는 붐
마이크를 가까이 대고 호흡을 수음해야 했다. 기차 창밖으로 보
이는 좀비들이 소리를 내게 되면 후반 작업에 사용할 수도 있으
니 핸드형 녹음기로 녹음해 두어야 했다.

기차 안은 바람이 통하지 않아 한증막처럼 더웠다. 제작팀에
서 준비한 이동식 에어컨이 밖에서 안으로 바람을 넣어주긴 했으

나 창가에 모여 있으면 그 열기가 상당했다. 그래서 한 번은 감염자로 출연한 배우들에게 연기하기도 힘든데 소리까지 내면 더 힘드니 소리는 안 내도 된다고 했다. 그랬더니 좀비 역할의 출연자들은 소리를 내야 표정과 몸동작이 자연스럽게 나와서 일부러 소리를 내는 것이라고 했다. 이 이야기를 듣고 현장의 소리를 충실히 녹음했다. 녹음기사는 한 장면을 촬영할 때 녹음하는 소리를 어떻게 사용하는지, 상황의 전과 후 소리들을 어떻게 연결하는지 알고 있어야만 한다. 현장에서 놓칠 수 있는 이런 소리들을 충실히 녹음해 두면 영화의 어느 부분에서건 소리가 필요한 곳에 사용할 수 있다. 앞서도 설명했던, '왈라왈라'라고 부르는 웅성대는 소리는 촬영 일정이 끝나고 배우들을 모이게 해서 녹음을 할 수도 있지만, 연기할 때 나온 살아있는 소리와는 느낌 자체가 다르다. 무심코 지나가는 이런 소리들은 나타났다 바로 사라지기 때문에 항상 준비하고 있어야 한다.

[사진-82] 천만 관객을 넘기면서 축하선물로 받은 <부산행> DVD. 저자 이름이 새겨진 박스 안에는 DVD와 생존 도구가 담겨있다.

6) <정이>(연상호, 2022) : 강수연 배우를 기억하다

[사진-83] <정이> 촬영을 마치고
강수연 배우와 함께한
사진

<정이>는 강수연 배우와 오랜만에 그리고 마지막으로 함께한 영화이다. 영화제작이 끝나고 조촐한 쫑파티를 한다는 이야기에 선배님과의 마지막을 아쉬워하던 중이었다. 그런데 출연한 배우들과 모든 스태프가 모인 자리에서 갑자기 내 이름이 불렸다. 그리고 강수연 선배님이 꽃다발을 나에게 건네주셨다. 순간 눈앞에 아무것도 보이지 않고 머릿속이 하얘졌다. 그동안 영화 현장 녹음을 열심히 하면서 상과는 인연이 멀었다. 아쉬움이 많이 있었지만, 그래도 열심히 하다 보면 언젠가는 인정받는 날이 올 것이라고 생각을 했다. 그런데 선배님이 현장의 모든 스태프 앞에서 꽃다발을 주시는 순간, 그동안 받지 못한 상을 보상해 주는 듯했다. 어쩌면 상을 받은 것보다 더 의미 있는 순간이었다. 그래서 앞

으로도 선배님과 작품으로 만나 웃으면서 일하고 싶다는 바람과 장충동에서 막국수에 족발을 먹고 싶다는 소박한 바람을 밝혔다. 영화제작이 끝나고 며칠 후 선배님께 연락이 왔다. 지방에 있으니 올라가면 연락을 주시겠다는 내용이었다. 그리고 그것이 마지막 연락이 되었다.

강수연 선배님을 처음 본 건 충무초등학교 1학년 때였다. 하교길에 장충동에 있는 태극당 앞을 지나가는데 영화 촬영을 하고 있었다. 당시 어렸던 나는 영화 촬영이 뭔지도 몰랐다. 갑자기 아저씨 한 분이 나와 친구를 잡아 세우더니 카메라 앞으로 걸어가라고 하셨다. 그분들은 카메라로 보이는 곳 주변에 계셨고 한편에 강수연 선배님과 한혜숙 선배님이 같이 서 계셨다. 당시에는 두 분이 누구인지도 몰랐다. 큰누나뻘 되는 강수연 선배님이 천사 같은 모습으로 날 쳐다보고 계셨던 것이 생각난다. 추운 계절이라 나는 빨간색 털실로 짠 바지를 입고 있었는데 집에 와서 바지를 벗다 바지에 구멍이 나 있는 걸 알았다. 어린 마음에도 순간 창피함을 느끼면서 바지에 구멍 난 것을 봤을까 하는 걱정이 들 정도로 인상적인 만남이었다. 이제 와 뒤늦게 찾아보니 <슬픔은 이제 그만>(김준식, 1978)의 촬영이었다.

영화계에 들어와서 강수연 선배님을 다시 만난 것은 1991년 7월 <경마장 가는 길>에서 녹음팀 막내로 있을 때였다. 이후 <무소의 뿔처럼 혼자서 가라>(오병철, 1995)와 <블랙잭>(정지영, 1997) 현장에서 함께했다. 그리고 25년이 지나 녹음기사와 배우로 <정이> 촬영장에서 만난 것이다. 첫 촬영 때 너무 반가운 마음에 강수연 선배님께 90도로 인사를 하고 내 소개를 했다. "선배님, 안녕하세요! 저는 한양스튜디오 이영길 기사님의 조수였던 강봉성입니다."라고. 선배님은 너무 반갑다며 이렇게 또 만나서 얼마나 기쁜지 모르겠다고 하셨다. 조수건, 붐 맨이건, 녹음기사이건 나의 위치와 상관없이 선배님은 변함이 없었다. 맡은 배역에 최선을 다하는 모습을 보고 있으면 '모범적인 어른'이라는 생각이 들었다. 남들 앞에 화려함을 내세우기보다는 서로 즐길 수 있는 현장이 되도록 노력하는 분이셨다. 영화제작이 끝나갈 때쯤 내가 선배님에게 장충동 족발집에서 족발을 사 드리겠다고 했더니 촬영을 다 마치고 여유 있게 시간 내서 만나자고 하셨다. 영화계의 대 선배님이시자 같이 일할 때는 큰 누나처럼 포근하고 의지가 되는 분이셨다. 항상 약자의 편에 서 계셨던 분인데 이제는 다시 뵐 수 없다는 현실에 마음 한편이 텅 빈 것만 같다. 하늘나라에서 평안을 누리시길 기도드린다.

4. 동료들이 말하는 강봉성

[사진-84] 방은진

1) 소리를 안고 사는 사람, 강봉성 : 배우 겸 영화감독 방은진

우리의 인연은 아주 긴 시간을 거슬러 올라간다. 강봉성 기사님이 아직 붐 맨이었을 때, 해맑은 웃음이 뚝뚝 떨어지던 그의 청년 시절로 말이다.

때는 1999년, 여배우로서의 행보가 주춤하던 시절. 나는 아침 드라마 주연을 선택하는 대신 연기 책을 번역했고 단편영화 현장을 기웃거렸다. 영화 가까이에 있고 싶었기 때문이다. 그러던 와중에 우리 영화계에서는 최초로 클레르몽 페랑 단편영화제에서 <햇빛 자르는 아이>(김진한, 1997)로 심사위원대상을 거머쥔 영화감독 김진한의 두 번째 단편 <장롱>(김진한, 1998)의 연출부가 되었다. 그때의 인연이다.

단편영화 현장에서 스태프와 배우들의 일인 다역, 소위 '멀티'
는 아주 흔한 일이었다. 예산을 아끼려고 감독 사무실에서 밥을
해 먹었다. 책정된 보수는 아무도 몰랐고 당연히 우리 모두는 가
난했다. 오로지 작품이라는 목표, 그것 하나만이 있었다. 연출 경
험이 전무했던 내가 조감독 역할은 물론 배우로 출연까지 하며
스스로 믿었던 것이라고는 현장에서 배우로서 쌓은 약간의 경험
이었다. 영화 연기를 할 때 카메라 앵글을 파악하고, 렌즈를 보며
감독의 눈으로 고민했던 경험. 요즘 같은 디지털 편집실이 아닌
스틴벡(steenbeck) 편집실을 들락거렸던 마지막 영화 세대이기도
했다.

강봉성 기사님은 누구보다 현장에 일찍 나와 어디론가 가버리
곤 했다. 촬영이 끝나면 또 사라졌다. 그러고 나면 한참 후에야 다
시 나타났다.

지금은 안다. 그는 촬영이 이루어지는 공간의 앰비언스와 룸
톤, 바람 소리, 물소리 등 그 공간에서 들리는 소리들과 종국에는
믹싱실에서 사운드 디자이너와 감독에게 유의미하게 쓰일 거라
판단한 소리가 나는 곳들을 발로 뛰어다니며 소리를 채집하고 있
었다는 것을. 그러다 촬영이 진행되면 배우들과 가장 가까운 곳
에서 함께 숨 쉬었다. 그는 배우들의 그림자도 밟지 않을 것처럼
소리 없이 움직였고, 늘 "죄송합니다. 감사합니다."를 연발했다.
뭐가 그리도 죄송하고 감사했을까. 혹시라도 자신으로 인해 촬영
이 중단될까 걱정하며 그 잠깐의 순간도 실수를 허락하지 않으려
했던 것이다. 촬영이 끝나면 연출부와 제작부를 도와 쓰레기를

정리하고, 허드렛일까지 도맡아 하는 이였다. 역시 소리 없이. 당연히 나의 감독 데뷔작에 현장 녹음 담당은 강봉성, 그여야만 했다. 그때가 2005년이었다. 나의 데뷔작 현장은 이러했다. 감독이 모니터 앞에 앉지 않았다. 늘 카메라 옆에 서 있었다. 배우와 직접 소통하기 위해서였다. 촬영감독에게 있는 모니터를 보는 것으로 충분했다. 배우와 모니터, 둘 다 곁에서 봐야 안심이 되었다. 배우 출신 감독이라 더 그랬다.

내가 모니터 앞에 자리를 잡고 앉을 때는 카메라가 세팅된 공간에 감독이 있을 여건이 되지 않는 상황뿐이었는데, 그때는 헤드폰을 썼다. 배우들의 대사를 들어야 했기 때문이다. 그러다가 "컷!"을 외치면 선이 연결된 헤드폰을 벗지도 않고 카메라 앞으로 뛰어가느라 발을 멈춘 게 대체 몇 번이었는지. 그걸 다시 가지런히 원위치시켜 주곤 했던 것도 강봉성 기사님인 걸 나는 알았다.

나는 촬영감독 다음으로 강봉성 기사님께 대사, 아니 연기에 대해 묻곤 했다. 그는 카메라 앵글을 가늠하면서 붐을 위치시키고, 현장 녹음을 하는 숙련된 '현장맨'이었기 때문이다. 배우의 입에서 나온 소리는 마이크에 포착되어 헤드폰을 통해 들린다. 배우의 목소리와 연기는 눈으로 볼 때보다 귀를 통해 들을 때 더 명확하게 순도가 판가름된다는 것을 그를 통해 배웠다. 그만큼 그는 연기를 잘 알았다. 해당 컷의 판단을 내리기 어려울 때면 나는 외쳤다. "강 기사님!"

나의 두 번째 장편영화는 아쉽게도 몇 편을 헤매다 7년이 흐른 뒤에나 찍을 수 있었다. 때문에 강 기사님과 재회의 기회는 무한정 연기됐지만, 나는 매 작품마다 강봉성 기사님이 1순위였다. 다른 작품 작업 중이어서 눈물을 흘리며 포기한 적도 두 번 정도 있다. 이만하면 지독한 순애보 아닌가. 그는 내게 조곤조곤 말해주었다. 눈에 보이지 않고 불확실한 소리이지만, 그 정의를 보여줌으로써 희미하게라도 소리에 대한 길을 열어주고자 이 책을 쓰게 되었다고. 현장 편집 때문에, 시간에 쫓기는 여건 때문에 현장 녹음은 들쭉날쭉하고 대사를 포함한 많은 부분을 재생산하기 일쑤인 것이 작금의 영화 사운드 현장이긴 하지만 말이다.

평생 소리를 안고 살면서 그 소리를 제거하는 것이 자신의 임무라는 사람. 감정은 시각이 아니라 청각이라는 것을 잘 아는 사람. 그 소리들을 어루만지고, 쓰다듬고, 때로는 벼려내며 한 컷, 한 컷에 생명을 넣는 사람. 그 숨들이 너무나 적확해서 마치 소리가 들리지 않는 듯 만들 줄 아는 사람. 한마디로 그는 소리를 볼 줄 아는 사람이다. 그런 그가 현장의 생생한 경험을 바탕으로 기술한 책이 세상에 나온다니, 다음 세대를 위해 다행스럽기 짝이 없는 일이다. 축하와 감사를 보낸다.

- 2023년 수퍼문 뜬 날 기도와 함께

2) 소리를 담아내는 철학과 소신 : 영화감독 김한민

강봉성 녹음기사의 이력은 예전 한국영화 녹음의 산실인 한양 스튜디오에서의 탄탄한 기초 경력으로부터 지금 한국영화의 현장으로까지 생생하게 이어진다. 이는 온고지신(溫故知新)이라는 옛말처럼, 옛것을 공고히 하고 새로운 것을 익힌다는 사자성어에 딱 맞는 표상을 가히 그가 보여준다 할 수 있겠다. 녹음 장비인 마그네틱 나그라를 쓰던 아날로그 시대부터 디지털 녹음을 하는 현재까지 생생하게 아우르며 그는 아직도 청년 같은 느낌으로 현장의 소리를 잡아내고 있다.

2011년 상반기 영화 <최종병기 활> 때의 일이다. 감독인 나는 하루 일정이 너무나 빠듯해 촬영감독과 함께 정신없이 여러 장면들을 치기에 바빴다. 그리하여 현장 녹음 자체를 까마득히 잊고 있었다. 어느 순간 불현듯 내가 지금 사운드를 잡아내고 있는가 하며 화들짝 놀라 그를 찾아보니 역시 그는 보이지 않았다. 덜컥 겁이 났던 그 순간, '부스스…' 소리와 함께 풀숲 어딘가에서 그가 몸을 드러냈다. 그렇게 강봉성 기사는 항상 현장에 있었고, 보이지 않는 곳에서도 함께 뛰어다니고 있었다.

그와 함께 연이어 작품을 하고 있는 내 입장에서 보자면, 그는 단순히 잘 뛰어다니는 녹음기사라는 차원으로 설명할 수 있는 사람이 아니다. 그에게는 소리를 담아내는 철학과 소신이 분명히 있다(바로 이 책에서 그 지점들을 접하게 될 것이다). 그는 동시적 소리는 물론 사물의 본질적인 소리까지 특유의 감수성으로 잡아내는 녹음기사다. 현장 녹음의 소리는 훌륭한 후시 녹음의 가이드로 쓰이는 것은 물론이고, 어떤 대사들은 여러 가지 방해가 되는 소음에도 불구하고 현장성을 위해 그대로 파이널 믹싱에 사용될 가능성이 있다. 바로 그때 강봉성 기사 당신의 노력이, 그리고 소리에 대한 집중력이 항상 그것을 가능케 했다.

이제 그와 함께한 또 하나의 작품, 영화 <노량: 죽음의 바다>가 개봉을 앞두고 있다. 다시 한번 그의 노고에 찬사를 보낸다. 나는 앞으로도 그와 함께 현장을 누빌 것 같다.

3) 한국 영화 현장의 생생한 역사 : 영화감독 연상호

강봉성 녹음감독님을 처음 만난 건 영화 <부산행>을 촬영할 때였다. 그전까지 애니메이션 작업만 했던 나는 그때 처음 현장 녹음이라는 것을 경험했다. 감독은 현장의 역동성을 어떻게 관객에게 전달해야 하는가를 끊임없이 고민한다. 그리고 그 고민의 가장 큰 축을 담당하고 있는 분야가 바로 현장 녹음이다. 현장 녹음은 현장에서 배우들이 날것으로 내는 대사, 소리뿐 아니라 그 현장의 공기를 담아낸다. 마치 관객이 그 현장 안에 들어와 있는 착각을 만들어내는 마법과도 같은 분야이다.

강봉성 녹음감독님은 한국영화의 변화 속에서 묵묵히 현장 녹음을 진행하던, 한마디로 한국영화 현장의 산증인이자 목격자이다. 오직 한국영화의 생생함을 관객에게 전달한다는 사명으로 현장 녹음이라는 분야에서 지금까지도 줄어들지 않는 열정을 불태우는 한국영화의 선배님이다. 그런 그가 오랜 시간의 뜨거운 열정을 책으로 정리했다. 그것은 현장 녹음 분야만이 아니라 한국영화 현장의 생생한 역사라고 말할 만하다.

영화진흥위원회 50주년 기념 총서 02

소리를 보다

영화제작 현장 녹음의 모든 것

맺음말

어떤 직업이건 마찬가지겠지만, 영화제작 현장에서 녹음을 하는 일은 경험과 경력이 쌓일수록 쉬워지기보다는 더 어렵게만 느껴진다. 음원에 조금 더 가까이 다가가면 좋은 음성의 소리를 받아들일 수 있고 주변의 필요 없는 소리를 줄일 수 있다는 것을 알면서도, 붐 마이크가 화면에 보이거나 그림자가 생긴다는 이유로 음원에 다가가지 못한 채 원하는 소리를 포기하고 현장의 흐름을 따라가야 할 때가 있다. 그럴 때는 숲을 봐야 할지, 나무를 봐야 할지 판단이 흐려지기도 한다. 혼자 화를 삭이고 넘어갈 때쯤 또다시 좋은 음원에 대한 욕심과 현장 상황 사이에서 갈등하는 일이 이어진다.

내가 작업에 참여한 영화들의 녹음을 잘했다는 칭찬을 받고 싶은 마음이 없는 것은 아니다. 하지만 그보다 더 욕심이 나는 것은 현장에서 카메라 앞에 선 배우들의 진실한 음성을 담는 일이다. 가끔은 모든 것이 결국은 나 혼자만의 욕심이 아닌지 고민할 때도 있다. 영화는 종합 예술이라는 말이 있다. 혼자만의 작업이 아닌 여러 사람이 모여 함께 일을 한다는 것을 잊지 말아야 한다. 누구 하나 잘한다고 모든 일이 다 잘되는 게 아니기 때문이다. 그러나 욕심이 없다면 발전도 없다고 생각한다. 미련한 욕망은 위험한 결과를 초래할 수 있지만, 조금 더 자신 있는 선명한 음성을 들려주고자 하는 욕심은 나 자신과의 약속과도 같다. 듣는 사람들에게는 보이지 않는 약속이지만, 나에게는 목에 칼이 들어와도 지켜야 하는 중요한 일이다.

조수 생활을 9년 동안 하고 기사로 입문한 후 줄곧 녹음기 앞에 앉아서 일을 했는데 <명량>을 작업하면서 다시 붐을 들기 시작했다. 여러 대의 카메라가 돌아가는 현장에서 직접 마이크를 운영하기 위해서이다. 현장의 배우와 카메라 주변에는 많은 기술자들이 모여 각자의 일을 한다. 영화 현장에는 촬영팀, 조명팀, 분장팀, 의상팀, 미술팀, 소품팀, 스틸 메이킹 제작팀, 연출팀 등 많은 팀이 있는데, 팀별 인원수만 해도 네다섯 명이나 된다. 이들은 화면에 보이면 안 되기 때문에 현장 주변에 숨거나 카메라 뒤에 선다. 공간이 넓다면 화면에 보이지 않는 곳에 숨어 있으면 되지만, 좁은 공간이라면 서로 부대끼며 자리를 지켜야 한다. 감독의 컷 소리가 나면 숨어 있던 사람들이 우르르 현장에 진입한다. 현장을 보존하거나 재정비해야 하기 때문이다. 그 모습은 마치 사이렌 소리에 모든 것이 멈췄다가, 사이렌 소리에 다시 원래대로 움직이는 민방위 훈련을 연상하게 한다.

모든 부서는 물론이고 배우들조차도 눈에 보이는 영상에 신경을 쓰다 보니 소리에는 큰 관심을 주지 않는다. 상황이 이렇다 보니 소리 작업을 하는 이는 외로움을 느끼기 쉽다. 화면에 출연하는 마이크나 그림자로 인해 누군가에게 싫은 소리를 들을 때도 있고, 그로 인해 자존감이 주저앉을 때도 있다. 그러나 그들에게 보이지 않는 소리를 봐달라고 하는 것은 더욱 자존심이 상하는 일이다. 그럴 때마다 진정한 자존심은 자신의 소리를 결과물로 볼 수 있게 하는 것이라고 다짐한다.

현장에서 녹음된 소리를 들으면 현장의 생생한 소음과 배우들의 음성이 공간의 울림과 함께 들린다. 이제는 그 소리를 듣는 것만으로도 어느 배우의 음성인지, 어느 장소에서 촬영한 것인지 가늠해 볼 수 있다. 이렇게 소리에 관한 관심으로 쌓아온 경험과 지식을 혼자 알고 있기에는 아깝다는 생각이 들었다. 녹음 작업을 하면서 단순히 영상과 소리의 일치를 넘어 복합적인 소리가 하나의 진동판에 어떻게 반응하는지, 어떻게 저장하고 재생하는지, 인간의 고막과 뇌는 서로 어떤 상호작용을 하는지 등을 경험하고 배웠다. 영화 현장 녹음을 배우고자 하는 사람들에게 나의 이런 경험과 지식을 알리고, 조금이라도 도움을 주고 싶어 결국 책을 썼다. 이 책이 부디 현장 녹음을 하고자 하는 사람뿐만이 아니라 영화를 처음 시작하는 사람에게도 도움이 되었으면 한다.

지난 30여 년간 한양스튜디오와 영화제작 현장에서 소리와 녹음에 관한 많은 것을 배웠고 폭넓은 지식을 쌓았다. 이러한 것들을 책으로 옮기며 잘못된 지식을 전달하면 어쩌나 하는 걱정도 들었다. 하지만 실패가 있어 발전도 할 수 있는 것이라 생각하며 내가 배우고 경험한 모든 것을 최대한 전달하려고 노력했다. 그럼에도 불구하고 이 책이 녹음에 대한 모든 정답을 알려주지는 못할 것이다. 내가 했던 것처럼 현장에서 직접 부딪히고 경험을 쌓으면서 배워야만 하는 것들도 있을 것이다. '영화는 머리로 하는 게 아니라 마음으로 하는 것이다'라는 말이 있다. 머리로만 일하면 요령만 생길 뿐이다. 진심으로 다가가면 몸이 따라갈 것이다. 그러기 위해서는 어느 현장에 가든 진정으로 소리를 사랑하는 녹음기사가 되어야 한다.

책을 마무리하며 감사드릴 분들이 많다. 우선 나에게 녹음이 무엇인지를 가르쳐주신 녹음실의 선생님들이 떠오른다. 녹음을 가르쳐 주신 이영길 기사님과 일에 대한 조언과 마음가짐을 말씀해 주신 故 이경순 할아버지, 붐을 드는 요령과 기술, 현장에서 필요한 예우를 몸소 알려주신 김원용 기사님, 김동의 기사님, 김탄영 기사님, 후반 작업에 참여할 수 있게 해 주신 故 손인호 믹싱 기사님, 테이프 효과를 담당하셨던 故 이재희 기사님, 영사를 담당하셨던 故 김옥봉 기사님, 생 효과를 담당하셨던 손규식 기사님께 감사드린다.

책이 나오기까지 많은 분의 도움이 있었다. 책에 들어가는 사진의 사용을 허락해 주신 제작자·배우·관계자들, 출간을 지원해 준 영화진흥위원회와 위원회 영화문화연구팀의 김홍천 과장, 책의 구성을 조언해 준 박진희 연구원, 전문적인 지식 없이 이해하기 힘든 단어와 문장, 두서없이 쓴 글을 읽을 수 있는 책이 될 수 있게 힘써준 공영민 박사, ㈜호밀밭 출판사에 감사드린다. 이 외에도 책을 집필하는 데 용기와 힘을 주신 분들께 감사의 마음을 전한다.

마지막으로 가족에게 인사를 전한다. 오로지 마음에만 담고 있던 학업에 대한 열망을 늦은 나이에 대학에 입학함으로써 실현할 수 있었다. 영화를 공부하며 높은 수준의 지식에 이르지는 못했어도 큰 도움을 얻었다. 대학을 다니며 당시 9살이 된 딸에게 들어가야 할 돈을 학비로 지출했다. 해주고 싶은 게 많이 있었지만 그러지 못해 지금까지도 몹시 미안한 마음을 가지고 있다. 그래서 아내에게 전하고 싶다. 어려운 시절을 슬기롭게 버텨줘서 고맙다고, 덕분에 나 또한 고마운 마음을 가지고 감사하며 살고 있다고.

작품 연보

상업영화 현장 녹음

<자카르타>(정초신, 2000)

<해변으로 가다>(김인수, 2000)

<친구>(곽경택, 2001)

<흑수선>(배창호, 2001)

<울랄라 시스터즈>(박제현, 2002)

<철없는 아내와 파란만장한 남편 그리고 태권소녀>(이무영, 2002)

<빙우(氷雨)>(김은숙, 2003)

<실미도>(강우석, 2003) (버스 폭파 장면 녹음)

<황산벌>(이준익, 2003)

<바람의 전설>(박정우, 2004)

<분신사바>(안병기, 2004)

<오로라공주>(방은진, 2005)

<강적>(조민호, 2006)

<라디오스타>(이준익, 2006)

<사랑>(곽경택, 2007)

<슈퍼맨이었던 사나이>(정윤철, 2007)

<불꽃처럼 나비처럼>(김용균, 2009)

<이태원 살인사건>(홍기선, 2009)

<반가운 살인자>(김동욱, 2010)

<쩨쩨한 로맨스>(김정훈, 2010)

<최종병기 활>(김한민, 2011)

<노리개>(최승호, 2012)

<두 개의 달>(김동빈, 2012)

<점쟁이들>(신정원, 2012)

<한 번도 안 해본 여자>(안철호, 2013)

<명량>(김한민, 2014)

<좋은 친구들>(이도윤, 2014)

<성난 변호사>(허종호, 2015)

<악의 연대기>(백운학, 2015)

<부산행>(연상호, 2016)

<대립군>(정윤철, 2017)

<염력>(연상호, 2017)

<언니>(임경택, 2018)

<창궐>(김성훈, 2018)

<롱 리브 더 킹: 목포 영웅>(강윤성, 2019)

<반도>(연상호, 2020)

<2퍼센트>(문신구, 2022)

<정이>(연상호, 2022)

<한산: 용의 출현>(김한민, 2022)

<노량: 죽음의 바다>(김한민, 2022)

단편 · 독립영화 현장 녹음

<외투>(여균동, 1996)

<Pop(팝)>(장호준, 1998)

<스케이트>(조은령, 1998)

<느린 여름>(박찬옥, 1998)

<동시에>(김성숙, 1998)

<그렇게 김순임은 강두식을 만났다>(김한민, 1999)

<생(生)>(조은령, 1999)

<아침 또 아침>(서명수, 1999)

<자반 고등어>(김용화, 1999)

<거류>(김소영, 2000)

<돌아갈 귀(歸)>(장호준, 2000)

<비단구두>(여균동, 2005)

<프랑스 중위의 여자>(백승빈, 2007)

<낯선 곳 낯선 시간>(김영혜, 2008)

<그렇게 웃어주던 니가>(박선, 2009)

<보민이>(김방현, 2010)

<파수꾼>(윤성현, 2010)

<물고기>(박홍민, 2011)

<시련>(김연수, 2012)

<코알라>(김주환, 2013)

<성실한 나라의 앨리스>(안국진, 2014)(부분 회차 현장 녹음)

<씨, 베토벤>(박진순·민복기, 2014)

<출근>(이한종, 2014)

<히치하이커>(윤재호, 2016)

<가을 우체국>(임왕태, 2017)

<스웨그>(임성관, 2020)

<낮과 달>(이영아, 2021)

<장례식장 내부>(이호현, 2022)

제1조수

<가슴달린 남자>(신승수, 1993)(붐 기술자, 장비 관리)

<계약커플>(신승수, 1994)(붐 기술자, 장비 관리)

<나는 소망한다 내게 금지된 것을>(장길수, 1994)(붐 보조, 부분 회차 지원)

<남자는 괴로워>(이명세, 1994)(붐 보조, 부분 회차 지원)

<너에게 나를 보낸다>(장선우, 1994)(붐 보조, 부분 회차 지원)

<사랑하기 좋은날>(권칠인, 1994)(붐 기술자, 장비 관리)

<어린 연인>(이성수, 1994)(붐 보조, 부분 회차 지원)

<우연한 여행>(김정진, 1994)(붐 보조, 부분 회차 지원)

<젊은 남자>(배창호, 1994)(붐 기술자, 장비 관리)

<증발>(신상옥, 1994)(붐 기술자, 장비 관리)

<헐리우드키드의 생애>(정지영, 1994)(붐 보조, 부분 회차 지원)

<돈을 갖고 튀어라>(김상진, 1995)(붐 기술자, 장비 관리)

<무소의 뿔처럼 혼자서 가라>(오병철, 1995)(붐 기술자, 장비 관리)

<아름다운 청년 전태일>(박광수, 1995)(붐 기술자, 장비 관리)

<천재선언>(이장호, 1995)(붐 보조, 부분 회차 지원)

<깡패수업>(김상진, 1996)(붐 기술자, 장비 관리)

<꽃잎>(장선우, 1996)(붐 기술자, 장비 관리)

<오디션>(이경민, 1996)(붐 기술자, 장비 관리)

<피아노맨>(유상욱, 1996)(붐 기술자, 장비 관리)

<블랙잭>(정지영, 1997)(붐 기술자, 장비 관리)

<스카이 닥터>(전찬호, 1997)(붐 기술자, 장비 관리)

<죽이는 이야기>(여균동, 1997)(붐 기술자, 장비 관리)

<까>(정지영, 1998)(붐 기술자, 장비 관리)

<연풍연가>(박대영, 1998)(붐 기술자, 장비 관리)

<찜>(한지승, 1998)(붐 보조, 부분 회차 지원)

<텔미썸딩>(장윤현, 1999)(붐 기술자, 장비 관리)

제2조수

<하얀전쟁>(정지영, 1992)(케이블, 장비 이동 담당, 한국 분량 참여)

<101번째 프로포즈>(오석근, 1993)(붐 보조, 장비 관리, 부분 회차 지원)

<비오는 날 수채화 2>(곽재용, 1993)(케이블, 장비 이동 담당, 부분 회차 참여)

<첫사랑>(이명세, 1993)(붐 보조, 장비 이동 담당)

<화엄경>(장선우, 1993)(붐 보조, 장비 이동 담당)

제3조수

<경마장 가는 길>(장선우, 1991)(영화제작 현장 녹음 입문)

<스무살까지만 살고 싶어요>(강우석, 1991)(보충 촬영 참여)

배우

<까>(정지영, 1998)(백화점 경리원2)

<오로라공주>(방은진, 2005)(추리닝 남자)

<슈퍼맨이었던 사나이>(정윤철, 2007)(복덕방 주인)

<파수꾼>(윤성현, 2010)(국어 선생님)

<2퍼센트>(문신구, 2022)(현장 녹음기사)

참고문헌

김미현 외, 『한국 영화기술사 연구』,
영화진흥위원회, 2002.

김영섭, 『오디오의 유산』,
한길사, 2021.

니시다 히로시, 박익순 역, 『나그라 녹음기 취급법』,
영화진흥공사, 1985.

데이비드 톰슨, 이상근 역, 『할리우드 영화사』,
까치, 2007.

레이몬드 필딩, 『영화이론총서 17: 특수효과촬영기술』,
한국영화인협회, 집문당, 1985.

루이스 자네티, 김진해 역, 『영화의 이해 (7판)』,
현암사, 2007.

미셸 시옹, 윤경진 역, 『오디오-비전 : 영화의 소리와 영상』,
한나래, 2004.

_____, 지명혁 역, 『영화와 소리』,
민음사, 2000.

_____, 박선주 역, 『영화의 목소리』,
동문선, 2005.

민병록, 『세계 영화영상기술 발달사』,
문지사, 2001.

배형준, 신경아, 현경예 외 6인 『폐기능검사학 (제2판)』,
고려의학, 2021.

서정남, 『할리우드 영화의 모든 것: 역사/시스템/내러티브/장르』,
이론과실천, 2009.

안희경, 『인체해부학 (제6판)』,
고문사, 2019.

이경순, 『소리의 創造: 나의 영화녹음 50년』,
한진출판사, 1996.

이민석, 『후시녹음의 공간감 형성에 관한 연구』,
상명대학교 예술디자인대학원, 2012.

제럴드 밀러슨, 이형표 역, 『영화이론총서 13: 영화조명기술』,
집문당, 1985.

찰스 B. 프레이터, 박익순 역, 『영화녹음』,
집문당, 1984.

filmsound.org
museumofmagneticsoundrecording.org

장비 연표

	영화	녹음기	마이크
1991	<경마장 가는길>	아날로그 NAGRA IV-S. 2 Track, Stereo	Sennheiser MKH 416 Sennheiser MKH 816
1995	<돈을 갖고 튀어라>	디지털 소니 티씨디 디탠 (SONY TCD D10 PRO2) DIGITAL 2 Track, Stereo	
1996	<꽃잎>	디지털, 장시간 녹음이 가능, 타임코드 포스텍스 피디포 (FOSTEX PD4) DIGITAL 2 Track, Stereo 1 Track, Timecode	NEUMANN KMR 81i, KMR 82i
2012	<점쟁이들>	디지털, 파일로 저장 TASCAM HD P2 2 Track, Stereo	
2020	<반도>	디지털, 파일로 저장 멀티트랙 SONOSAX SX R4+ Multitrack	NEUMANN KMR 81i, KMR 82i RØDE NT-SF1

* 저장하는 방식의 변화로 새로운 녹음기가 사용된 최초의 영화만 기록했다.

판권장

장비, 책, 현장 사진 : 강봉성 소장자료

<대립군> : 현장스틸, 리얼라이즈픽쳐스㈜ 배우(김명곤)

<롱 리브 더 킹> : ㈜contentzio 배우(진선규)

<명량> : 개인 현장사진과 DVD, 영화 책 : ㈜CJ ENM, 배우(최민식)

<부산행> : 개인 현장사진, DVD : ㈜넥스트엔터테인먼트월드

<불꽃처럼 나비처럼> : 현장 스틸 : ㈜싸이더스, 배우(조승우, 수애)

<악의 연대기> : 현장스틸 : CJ ENM 배우(손현주)(장원석)

<정이> : 배우(강수연) 개인사진

<좋은 친구들> : 현장 스틸 : opuspictures

<최종병기 활> : 현장스틸

<흑수선> : 개인사진

스틸 작가 : 송경섭, 주재범, 노주한, 장경선, 정경화, 조원진,
            조석환, 홍성희(Dawa)

믹싱 녹음실 사진 : Bluecap

극장 사진 : 한국영상자료원 시네마테크 KOFA

캐리커처 : 김소영

캘리그라피 : 최희선(Sunny Story 공방작업소)

그림 : 안채령

*영화 저작권이 있는 배급사와 제작사, 배우의 초상권은 사용 허락을
 받았습니다.

찾아보기 인명/ 영화명/ 기술용어

인명

영화명

기술용어

소리를 보다
영화제작 현장 녹음의 모든 것

ⓒ2024, 영화진흥위원회

발행일	2024년 4월 28일
발행인	박기용
저 자	강봉성
편집자	공영민, 박진희
발행처	영화진흥위원회
담 당	김홍천(영화진흥위원회 연구본부 영화문화연구팀)
주 소	48058 부산광역시 해운대구 수영강변대로 130
전 화	051-720-4700
홈페이지	kofic.or.kr
ISBN	978-89-8021-253-8 04680
	978-89-8021-251-4 04680(세트)

제작 및 유통	두두북스
주 소	48231 부산광역시 수영구 연수로357번길 17-8
전 화	051-751-8001
이메일	doodoobooks@naver.com